天下文化
BELIEVE IN READING

讀繪本，學素養

資深名師葉惠貞這樣教繪本

清華大學附小資深名師
葉惠貞——著

獻給

為家庭教養投注心力的父母

在教學現場耕耘灌溉的教育夥伴

對繪本著迷的愛書人

目錄

Part 02

推薦序

繪本培育孩子的多元素養與良善品德

李貞慧（繪本閱讀推廣人）

有機會搶先閱讀惠貞老師的新作，萬分雀躍，也實屬榮幸，且得到許多教學、教養上的啟迪與心靈的滋養。謝謝惠貞老師願意在繁忙的生活與教學工作之餘，擠出寶貴的時間，筆耕不輟，誠懇用心的書寫她藉由繪本與學生互動、交心的過程，讓身為母親和教師的我，能夠藉由她細膩詳實的文字紀錄，得到滿滿的教學靈感和教養能量。

我愛閱讀繪本，也常和學生分享繪本，但我只是單單純純的愛書人，將繪本應用於教學，相較於惠貞老師的專業，我顯然是不足的。惠貞老師將各種主題繪本恰當、巧妙的帶入課堂，或和孩子討論國際重要議題，或潤物細無聲的陶冶著孩子的品格，或和孩子一起玩想像力大爆發，或引領孩子進入閱讀的驚奇美妙，或透過無字繪本進行寫作練習，或做跨領域的知識連結等等，在在令人驚嘆惠貞老師對繪本的強大掌握力與應用力，給孩子多樣化的學習機會。

惠貞老師這本新作中，令我最為感動的篇章為〈善良，你我做得到〉，惠貞老師透過《善良，我做得到！》、《獅子與老鼠》和《暴風雨的夜晚・狼與羊完全版》這幾本繪本引領孩子，在他們的心田播下美好的品德種子，讓孩子知道：善良是「利己利人的幸福泉源」、「最小的善行勝過最大的善念」、「善良的人更勝於偉大的人」。在美好故事的潛移默化下、在惠貞老師的循循善誘下，孩子們何其幸福，能在品格養成的關鍵時期，得到如此善美的啟蒙與薰陶。

有些父母和師長在與孩子進行繪本共讀時，顯得過於急切躁進，和孩子分享故事後，忍不住急著要告訴孩子繪本裡想傳達的核心思想或為人處事的道理。其實，沒有幾個孩子會喜歡大人以上對下的權威者姿態去和他們進行互動。孩子被動的從大人的訓誨勉勵中吸收做人做事的道理，真能內化成為自己心靈養分的恐怕微乎其微。

惠貞老師懂教育、懂孩子的心理，她和學生進行繪本閱讀，絕對不會直接給出答案、不會直接告訴孩子這本繪本要傳遞給讀者什麼樣的重要訊息，而是透過提問帶領孩子有不一樣的看見，也透過師生一來一往的問答交流，讓孩子有機會深入思考與討論。畢竟一個價值觀的建立，唯有經過打從心底被觸動、自我反思與確認等歷程，才終有內化的可能。

如果你是家長或教師，想知道更多帶孩子閱讀繪本的方式，想透過多元主題繪本培養孩子多面向的素養與能力，竭誠邀請你打開惠貞老師的這本新書，流暢易讀的文字、數不盡的教學、教養想法與行動，必定能帶給你許多很不一樣的思維、觸動與啟發，真心推薦這本好書。

作者序

以繪本在教學中創造美好

我的第一本書《素養小學堂》在二〇二〇年五月出版，一上市便受到教師群及家長們的喜愛，原本擔心只是自己喃喃絮語，驚喜的是佳評如潮，美好回饋不斷湧入。老師們說我所提倡「簡易、可行、好操作」的有效教學策略拯救眾人於水火之中；家長們說在文字閱讀間彷彿如實感受教學與班級經營風貌，對孩子的課業指導上也更加得心應手。讀者、粉絲紛紛許願：「我們引頸期盼第二本書！」

歲月悠悠中，我在校園職場與學生及家長共同寫下一頁頁的故事，但這回該分享些什麼好呢？我敬重的兩位總編輯前輩余治瑩和李黨對我說：「你文本結合教學做得極好，尤其是繪本，寫出來讓大家看到繪本的好美與好用。」這個提點讓我大腦迴路猶如跑馬燈閃過一幕幕精采教學畫面，於是我確立書寫述說的方向，下筆不能自休。

繪本《這是一本書》在二〇一一年由小天下出版，真真實實說出「書」的特質。書中拿著薄薄筆電的驢子問捧著書本的猴子手上拿的是什麼？猴子說：「這是一本書。」驢子不斷拋問要如何往下捲頁？可以寫部落格、傳簡訊、無線上網嗎？滑鼠在哪裡？需要插電嗎？猴子一律回答：「不行不行，這是一本書。」猴子把書遞給驢子，驢子翻開書頁慢慢被《金銀島》的情節吸引，一邊叨唸著書本怎麼這麼多字，一邊坐下來翻閱。時間從中午走到下午，驢子著著實實被書本吸引，甚至不想把書還給猴子，驢子說：「我會幫它充電的。」

這本書說明 3C 產品充斥生活已是不爭事實，我們擔心滑世代的孩子們遠離書本的溫度，因此，重視及培養孩子們的閱讀習慣與態度並讀出理解，此事至關重要，不分年齡年段，愈早愈好。

教學上我帶入多元文本補強課本的不足，藉由閱讀指向素養與自學的道路。我嚮往德式閱讀氛圍，希望學生看待閱讀像呼吸一樣自然，我和學生聊書、談書、看書，繪本、故事書、橋梁書、報紙期刊雜誌及少年小說等，都是我們書海遨遊的種類。其中，繪本是小朋友接觸閱讀的啟蒙，也是我在教學應用及班級經營的利器。

多數人對繪本的刻板印象停留在「繪本是給幼兒或低年級小朋友看的」，不鼓勵中高年級的孩子讀繪本。我曾聽過高年級孩子說老師不讓他們看繪本，因為「繪本太簡單，幾分鐘就可以讀完」。這個觀念誤會大了，繪本趣味性強，主題明確，篇幅不長，總在短短的文字與生動的圖畫間把主題包裝在故事中表達通徹，沒有說教的窒悶，但有深度的空間。

繪本由文字作者與繪圖者共同創作出深刻的故事與出色的繪畫，繪本的好圖勝千言，因此繪本有聲、有色、有美感，言簡意賅但饒富意涵的文學風格表現出「畫中有話，話中也有畫」，有的妙趣橫生，有的通情達理，有的談親情說友愛，有的蘊藏知識亮點，繪本述說多元。

繪本老少咸宜，我從中獲得的感動與啟發無以計數。我也以豐富的生活經驗以及教學網路做基底，將繪本帶進教學，最核心的目標便是給孩子一把鑰匙，開啟思考之門與感動通路，繪本可說是「投資報酬率」相當高的教學媒材。

剛進小一的小暘擔心腳上的傷疤被同學取笑，於是我們讀《箭靶小牛》讓孩子們知道如何喜歡自己及尊重別人；性別平等觀念在《紅公雞》、《威廉的洋娃娃》、《我做得到！小工程師蘿西》等書中滋長；看重自己的價值我們向《小希的網不一樣》取經；《雷公糕》教我們勇敢；因為讀了《酷比的博物館》，孩子們學會了整理蒐集物品的妙方，還辦了一場展覽……繪本多美好啊！豐富了孩子們的學習，也豐美了生活。

英國哲學家培根說：「閱讀能陶冶個性，每一種心理缺陷都有良書可以補救。」而我的體會是：「繪本能貼近生活，引起共鳴，每一種課堂需求都可以有相對應的繪本來強化教學成效。」這次，我將自己運用繪本於教學與班級經營的課堂故事書寫下來，書中有我積累的教學經驗，有疫情嚴峻停課期間我和學生及家長線上讀繪本尋求安心與生活樂趣的解方，更有我對閱讀推動的實踐。希望本書如一股清新活水，帶領你我跨越與超越傳統課室，讓教學與教養更有滋有味。

\ PART 01 /

繪本與教學

碰撞的
火樹銀花

1 乘著繪本的翅膀擁抱世界

主題繪本

- 《地圖》（小天下）
- 《四隻腳，兩隻鞋》（小天下）
- 《環遊世界做蘋果派》（維京）

過往寒暑假期間，大家閒聊的話題常是：「做什麼旅遊安排？」、「要去哪裡走走？」二〇二一年的緊繃疫情，讓休閒觀光處於停擺狀態，旅遊話題自動消失。小朋友常常期待能利用長假出國，在家庭經濟許可的條件下，國外旅遊自是擴展視野及放鬆身心的好方式，但病毒變種速度跑得比飛機還快，近年要能搭機出國旅遊，幾乎變成「不可能的任務」。

但在家裡悶久了，想玩的心蠢蠢欲動怎麼辦？雲端旅遊順勢興起。只要給付些許費用，便能透過線上體驗與世界連線，無論是「視吃」異國美食、暢遊教堂城堡、參觀博物館，甚至是向泰國四面佛還願都行。連線網路，滑鼠一按，手指一滑，天涯海角皆可遊。

我們總以「讀萬卷書，行萬里路」來鼓勵學生，除了吸收課本知識，也要到各地走走以增廣見聞。現在，這句話依然適用，並且可以解讀為：「以讀萬卷書，來彌補暫時不能行萬里路的缺憾。」商人腦筋動得快，線上旅行能滿足出國夢，繪本也不遑多讓，乘著繪本的翅膀，不僅能達到旅遊效果，還能環遊世界呢！

環遊世界，視吃蘋果派

暑假中，每週一上午是我與二年級導師班學生的繪本趴踢同聚時光，我們以 Google Meet 視訊會議的形式，在螢幕前面對面，共讀繪本與相互問候關心。這天想來點輕鬆元素，我們一起讀《環遊世界做蘋果派》。

透過「畫面分享」功能，將繪本投影在電腦螢幕上，故事開始了。

想吃蘋果派但商店卻關門時，該怎麼辦？那就自己動手做吧！

想做出美味蘋果派便要有上好食材，翻開書頁的同時，也開啟了一趟備料旅程。先搭六天郵輪到義大利割小麥，然後跳上火車到法國找雞蛋，再乘船到斯里蘭卡的熱帶雨林刮下肉桂樹皮，途中還要到英國取牛奶、牙買加砍甘蔗、旅程終點回到美國佛蒙特州採蘋果，之後速速回家動手做派。

雖然是線上閱讀，但故事輕快活潑，小朋友也滿心歡喜的跟著遊歷各國。美國、英國、法國、義大利這些國家名稱耳熟能詳，不過，孩子們可知道它們在地圖上的位置？聽起來陌生的斯里蘭卡和牙買加又在哪裡呢？我鼓勵學生把家裡的地球儀、地圖集拿出來看，或是在家人陪同下，練習使用網路地圖，感受無遠弗屆的網路魅力。

藉著閱讀《環遊世界做蘋果派》，我期盼產生漣漪效應，提升閱讀的質與量，於是，《地圖》一書隨後登場。除了相互驗證《環遊世界做蘋果派》中提到的各國名物特產，同時也開啟學生探索世界的興趣。

閱讀《地圖》，探索世界

「義大利在哪裡？法國的雞真的比較有名嗎？斯里蘭卡看起來像什麼？翻開《地圖》，

我們來找線索、找答案。」我以提問做開頭，將《地圖》大書秀出來。「哇！好大本的地圖。」小朋友一邊驚呼、一邊想起教室裡就有這本書，以前不知從何閱讀，對此書感受不深刻，今天是重新認識它的機會。

《地圖》的特色是大量手繪世界地圖，用趣味又新奇的方式展現世界的精采。

我拍了幾張全頁畫面，以圖片形式展現在電腦螢幕上。首先呈現的是世界地圖全頁，讓學生理解世界有七大洲、三大洋；接著，在歐洲地圖，學生用手指在畫面上指指點點找到英國、法國和義大利；在亞洲地圖，看到印度底下像梨子又像淚滴的斯里蘭卡；在北美洲地圖，看到大大的美國和小小的、像個花生米的牙買加。

《地圖》介紹了義大利、法國、英國及美國，正可以用來發現及驗證《環遊世界做蘋果派》所述。不過，這本書的開本實在太大，線上閱讀不易呈現全書面貌，所以我拍下這四個國家的頁面中，與《環遊世界做蘋果派》相關的畫面，讓學生清楚觀看。

首先是義大利，我問：「義大利的形狀像什麼？」一般人常說：「像靴子。」學生卻說完全不像，他們說義大利的形狀像是「斧頭」、「狗啃的骨頭」、「飛上天空的風箏」。

學生找不到小麥圖案，但看到畫面有許多義式麵食，表示義大利麵全球馳名，我說因為小麥夠好，才能做出美味麵條，小朋友發出「喔……」的長音，表示懂了。

接下來是法國，一隻雄偉的公雞就站在凡爾賽花園上方，文字寫著「公雞，法國的象徵」。學生問：「做蘋果派要用雞蛋，不過是母雞下蛋而非公雞，怎麼沒有畫母雞，法國有沒有母雞？」這大哉問讓我覺得發噱有趣，隨即有人搶著開麥克風回答：「不可能全部畫出來啦！這是代表。」、「有公雞就有母雞，因為公雞是母雞生的。」真可愛的回答。

然後是英國登場，圖上有一隻牛低頭吃草，文字寫著「養牛業」，表示這項產業興盛。

最後是美國，佛蒙特州位在美國東北部，雖然沒畫上蘋果，但我提到大家喜歡吃的咖哩，就有一個品牌以這個州的名稱命名，相傳咖哩塊的配方就是採用佛蒙特州流傳的「蘋果加蜂蜜是健康飲食」的方法製作而成。這個說法引起小朋友的食慾，紛紛說今天就想吃咖哩飯和蘋果派了。

一趟繪本結合地圖書的環遊世界之旅，帶來雲端旅遊的樂趣，大家一起領略精緻手繪書的美妙，暑假就讓地圖書豐富我們的視覺饗宴與積累世界觀吧！

走入《地圖》，請到我的家鄉來！

新課綱的理念提到，學生應該要探索不同國家文化，並且培養世界觀，我認為閱讀地圖是個好方法。

「小螞蟻誇下海口，要環遊世界一周。爬了短短十秒鐘，就從亞洲到歐洲。漂過藍藍大西洋，跨上了南北美洲。」原來小螞蟻爬上地圖啦！這首兒歌正表現地圖的魅力。世界說大很大，讓人一眼望不到邊；世界說小也很小，當它變成地圖，我們便能繞著它走一圈。

以前擔任中年級導師，四年級國語有一課〈來吧！請到我的家鄉來！〉課文裡介紹了四個國家的特色，分別是千佛之國泰國、有著悠久歷史的埃及、地勢低窪的荷蘭與音樂國度奧地利。與課文同名的經典繪本《請到我的家鄉來》當然要帶入課堂讓學生閱讀，感受文學與美學交織的異國風情。除此之外，這四個國家在《地圖》一書都出現了，課文中提到的內容，就可以帶到地圖閱讀做對照，讓學生產生探索樂趣。

學校為每個班級都購置了《地圖》一書，我從其他班級借了數本，學生便可以用分組方式進行閱讀與討論，每一組都有一本《地圖》大書。

《地圖》豐富的手繪插圖十分活潑感覺，讓圖像更鮮明，很能吸引孩子的目光。書本趣味性自帶光芒，但想讓閱讀產生有效性，老師在帶領上要更注意細節。

首先，我說明地圖是「上北下南，左西右東」的方位。此外，閱讀地圖時，要建立具象概念及相對概念，可以用自我觀點做比較，因此，我們要對自己的國家有基礎認識。

在《維基百科》裡，學生知道了臺灣總人口數約有二千三百萬人，面積是三萬六千一百九十七平方公里。附帶一提，《地圖》後續出版的增訂版，便有新增臺灣地圖，清楚揭示人口數和國土面積。

共讀《地圖》，尋寶與發現

我讓學生先對課文提到的主題國家有基本認識，書頁上國家名稱底下詳細介紹首都、語言、人口數和面積。

接著，我們可以就臺灣的面積和人口與之比較，算算約是臺灣的幾倍；再來，要把課文中提到的該國特色文化，帶進《地圖》書中驗證。

首站就是課文的第一段「千佛之國——泰國」。學生算出泰國人口數約是臺灣的三倍，面積約是臺灣的十四倍大。

學生看到《地圖》的泰國頁面畫著好多尖塔佛寺或神廟，還有泰國國寶玉佛，文字說明這是用翡翠和黃金雕成的佛像，十分華麗耀眼。泰國舞者頭上也戴有像佛塔的金冠，這個國家有大象學校，也有觀光客騎乘大象，驗證「千佛之國」和「白象之國」的美稱。

其次是五千年古國埃及，人口數約是臺灣的四倍，面積大約是臺灣的二十八倍大。

埃及的地形比較方正，地圖上除了東邊的紅海，北邊的地中海及貫穿國土南北的尼羅河是藍色，國土境內大部分區域都畫著褐色山丘狀的沙漠，還有駱駝商隊行走在沙漠中，首都開羅就在尼羅河的上邊。男性穿著長袍，頭上纏著布巾，女性也用頭巾包住頭髮，課文裡正是這麼描述埃及人們的衣著。學生看到金字塔、人面獅身像、神廟神殿和諸神、木乃伊、法老等，說明了埃及具有悠久的歷史。

再來是地勢低窪的荷蘭，荷蘭的面積比臺灣大一點點，人口數卻比臺灣少，總數約一千七百萬人。

荷蘭地圖展現的明亮氛圍，迥異於埃及的灰撲撲，木鞋和鬱金香很顯眼，五花八門的鬱金香綻放各式姿態，文字說明荷蘭鬱金香的品種和數量都是世界第一。學生看到像棋盤的圩田，文字說明這曾經是低於海平面但已經排乾海水的區域，有的變成耕地和城鎮。荷蘭有全世界最高的風車，也有風車博物館。學生看到西部有一個頗具規模的「東斯海爾德海堤」，這是保護荷蘭免於淹水的堤防，大家驚嘆荷蘭人與海爭地的毅力。

最後來到熱愛音樂的國度奧地利。奧地利國土面積有臺灣的二點三倍大，人口卻只有八百多萬人，學生羨慕奧地利人可以享受寬闊的空間。

在奧地利的頁面，映入眼簾的是出生在薩爾斯堡的天才音樂家莫札特；作曲家舒伯特的代表作品有〈魔王〉、〈鱒魚〉；海頓被尊稱為交響樂之父；滿臉絡腮鬍的作曲家小約翰．史特勞斯散發出貴族氣息。

頁面上雖然是縮小版的地圖，但仍表現出華麗雄偉的維也納國家歌劇院，還有城堡劇院，學生說這真的驗證了奧地利是名副其實的音樂國度。

課文中提到，音樂節時會有觀光客湧入奧地利登山賞雪、遊河賞景，我問學生，課文一語帶過的場面，可以在《地圖》書中一探究竟嗎？

奧地利境內有許多河流，最有名的是多瑙河，還畫著許多山，山頂的積雪像冰淇淋微微融化的模樣甚是可愛。阿爾卑斯山貫穿奧地利西部和南部，學生數了數，有七條河，還有許多湖泊、瀑布和冰川。地圖的具體描繪，為課本的抽象形容帶出相輔相成的效果。

學生說，奧地利的頁面展現歡樂氣氛，有阿爾卑斯山健行、滑雪、跳崖滑雪、玩雪橇、堆雪人、穿雪鞋行走，還有滑雪纜車和冰上曲棍球，這讓身處亞熱帶氣候區的我們，對雪充滿了美好想像與憧憬。

學生在書上指點討論，紛紛發出像發現新大陸的驚喜言語：「你們看，這裡有……」、「這裡也有……」、「耶！我找到……」果然，閱讀地圖提高了空間想像力與觀察力。

從課文出發，引導地圖閱讀，孩子們會知道自己及其他國家在世界上的位置，也將學習觸角延伸到世界各個角落，接觸異國風情文化。探索世界的有趣關鍵，在於觀察它的角度，翻開《地圖》，每個國家呈現的風貌各具特色、各自精采，帶給讀者豐富的感官感受，讓學習產生想像力的眼睛，也以有趣的方式讓孩子愛上學習。

疫情外的熱燒新聞——阿富汗

二〇二一年的暑假不平靜，國際熱燒話題除了來勢洶洶的變種病毒，占據國際新聞版面最多的，就是隨著美國撤軍，全國陷入混亂局面的阿富汗。

八月中旬，某次線上繪本共讀後，小朋友依例分享近日生活點滴。小方說他知道最近新聞在講阿富汗的事，總統跑路了，塔利班勢力又起來了。我稱讚小方能關注國際新聞，讓自己不出門便知天下事，我心裡也想著，享受安逸生活的孩子們，也應該知道地球另一端正在發生的事，下次繪本共讀該讓《四隻腳，兩隻鞋》登場了。

新課綱強調全人教育，希望提升學生對國內外重要議題的關注，使其能成為健全的個人，再發展為良好的國民與成為世界公民。國際觀決定一個人的世界和眼界有多大，國外旅遊或當交換學生只是認識世界的一部分，並非全部。生活在臺灣舒適安全，學生未曾感受戰爭威脅，人權也受到保護，一般人海外旅遊選擇的都是進步安全的國家，鮮有機會接觸落後國家或戰亂地區。阿富汗呢？學生可知它在哪裡？

新聞上播放的驚悚畫面令人不忍卒睹，大批民眾湧入機場攀爬飛機，只為爭取生機，看到這場面讓人憐憫之心油然升起。我希望學生對自己土地外的地方感興趣，除了知道進步大國或鄰近臺灣觀光發達的國家，也要有關懷世界不同地區的視野，能夠知道世界正在發生什麼事，於是，我們共讀《四隻腳，兩隻鞋》。

新聞在前引導，繪本隨後開展

原定八月二十三日週一上午的聚會，因為我當天有事，提前到前一週的週五晚上舉行，學生依舊上線踴躍。以 Google Meet 進行視訊閱讀的一開始，我先提出「阿富汗」這個國家名稱。除了小方知道較多，其他學生多數都沒聽過，幾個孩子說有聽過，但不知道其他消息，小蔚說大概知道，好像跟戰爭有關。顯然，孩子們對阿富汗十分陌生。

首先，我讓孩子們先閱讀幾則《國語日報》的網站新聞，對國際時事和阿富汗這個國家正在發生的事有基本的認識。連續幾則新聞，小朋友們知道了美國在二〇〇一年的「九一一恐怖攻擊事件」之後，進軍阿富汗，這場戰爭持續了二十年，造成不少美軍傷亡，以及巨大的經濟耗損，美軍決議要在今年（二〇二一年）五月陸續撤出阿富汗。

這時，塔利班勢力趁機再度興起，控制了省會喀布爾，且占領了總統府。阿富汗總統出逃，人民想盡速離開戰亂家園，全國陷入一片混亂。新聞畫面閃現著在街道上擁槍穿梭的塔利班士兵、機場中臉上滿是恐懼的推擠人潮，還有把嬰幼兒拋給美軍、英軍，懇求他們幫忙帶走孩子的傷心父母，一幕幕令人震驚與不忍的畫面輪番播映。

接著，我們閱讀《四隻腳，兩隻鞋》。故事卷軸隨著救援卡車來到難民營展開情節，線頭是兩個女孩的相遇。琳娜搶到一隻鞋，而另一隻鞋則在芙蘿莎那裡，素不相識的兩人，友誼就此滋長。

繪本畫面絲絲入扣述說著難民的過去（因戰爭而逃離家園）、現在（難民營裡的生活面貌）與未來（期待獲得安置、展開新生活）。線尾是兩個女孩的離別，琳娜與媽媽即將到美國展開新生活，兩個女孩各自收藏一隻鞋，以紀念永誌不忘的友情。

書頁雖然沒有髒亂悲涼的畫面，流瀉的溫暖情節卻也蘊含著哀愁離苦，而展現更多的是勇氣、愛和希望。

有別於過去讀高趣味性繪本時的歡樂，閱讀這則故事時，小朋友多半是靜靜聆聽。因為在閱讀繪本前已讀過新聞，孩子們可以迅速掌握繪本的主題並理解故事，也觸動柔暖的心。

小芯說她快哭了，小艾跟著說好想哭，小男生直接說：「塔利班好爛。」還有人在訊息串打出「嗚嗚嗚嗚……」、「依依不捨」、「好感動」表達感受。「好可憐」是大家表達最多的心情感受，小朋友說家人不在身邊（因戰爭而生離死別）最可憐。

故事儼然帶來衝擊並觸動孩子們的心，透過閱讀，我希望孩子們知道，同一片天空下，有許多孩子在戰爭威脅中尋找生機，對照之下，我們應該更珍惜所擁有的並減少抱怨。

我們同為阿富汗祈禱，希望每位孩子都能平安快樂長大。

在國語課文中認識阿富汗

過往，我也曾在六年級國語課的課文〈我的阿富汗筆友〉帶入《四隻腳，兩隻鞋》。課文提到美國女孩與阿富汗男孩通信互為筆友，但受到塔利班士兵威脅，因而通信中斷了。課文中提到的許多事件，因為與孩子們的生活經驗相去太遠，在閱讀理解上會有困難。

例如，人權議題、塔利班恐怖攻擊、阿富汗的傳統，以及山為什麼不是休閒的地方，反而和恐怖份子或強盜畫上等號等，這些都不是學生在認識生字詞語或摘取段落大意、全文大意後便能理解的。

學生讀不懂，是因為背景知識不夠，既然不夠，就應該搭建鷹架，讓學生向上攀升。繪本《四隻腳，兩隻鞋》正是能發揮鷹架功能的好故事，不僅可以填補課本不足之處，也能讓孩子們脫離同溫層，感受另一個不同的真實世界。

背離生活經驗，預測故事失準

《四隻腳，兩隻鞋》封面是兩個披著頭巾、穿著長袍的女孩，她們提著水桶與大籃子，兩人都是一隻腳上穿著裝飾藍色花朵的黃色涼鞋，另一隻赤足踩在沙地上。女孩身後是排列緊密的帳篷，還有頭上頂著籃子、全身包得緊緊的婦女，更遠處則是一座座褐色的山。

學生們不假思索脫口預測：「她們是好朋友，一起去度假、露營，她們在玩一雙鞋兩個人穿的遊戲。」

除了「好朋友」這一點「賓果」，度假、露營和穿鞋遊戲的猜測完全不對。因為背離學生們的生活經驗，所以預測失準。我翻開書頁，畫面中，地面上擁擠稠密的搭著更多帳篷，帳篷上頭有許多補丁，後方群山不是印象中露營區的層巒疊翠，而是黯淡沉悶、毫無綠意，未顯一絲歡樂氣氛，跟休閒度假的感覺相去甚遠。因此，學生修正了預測，並提出疑問：「他們看起來很窮，這是哪裡？」、「他們穿的衣服和我們不一樣，他們是什麼人？」、「兩個女孩應該不是在玩穿鞋子的遊戲，她們好像沒有鞋子穿。」

再次翻頁，便是橫跨兩頁、更為擁擠的帳篷，以及連綿但光禿禿的山，一輛綠色卡車駛進，戴著頭巾、穿著長袍的男人與身著罩袍的女人揮手迎接卡車到來。

學生被畫面震撼，不自覺挺直身子，這姿勢表示對故事的好奇以及準備進入閱讀之中。

四隻腳、兩隻鞋，要怎麼穿？

綠色卡車載來的是救援物資，難民蜂擁向前，推擠爭搶，「不管手裡搶到了什麼，只管牢牢的抓住。」繪本中的簡單話語，表現出人們的貧苦與不安。

十歲的琳娜發現腳邊有一隻黃色涼鞋，即使只有一隻鞋也彌足珍貴，因為她已經兩年沒有穿過鞋子了。她想尋找另一隻鞋，卻發現被穿在另一個女孩瘦黑腫裂的腳上，琳娜向那女孩釋出善意打招呼，對方沒有搭理，直接走開。

隔天，琳娜穿著一隻鞋來到河邊洗衣，前一日打過照面的女孩芙蘿莎也來了。芙蘿莎脫下腳上的一隻鞋遞給琳娜，她之所以拿鞋來給琳娜是因為祖母說：「只穿一隻涼鞋，看起來像個傻瓜。」一句看似輕輕的話語，其實帶著巨大的重量，這個重量是「愛與分享」。

可以想見，芙蘿莎也搶到一隻鞋，她大可以對琳娜說：「是我先搶到的，你應該把另一隻鞋給我！」芙蘿莎也需要一雙鞋來保護自己裸露又裂痛的雙腳，但是她沒有爭奪，只有禮讓。

琳娜應該要歡喜一隻鞋湊成一雙了，但她沒有獨享，而是對芙蘿莎發出邀請：「我們可以一起穿。」

芙蘿莎問：「人有兩隻腳，一隻鞋有什麼用呢？」琳娜提出輪穿的想法，友誼在兩個女孩綻放的笑容中萌芽。讀到這裡，不禁讓人深吸一口氣，再緩緩吐出讚嘆，匱乏中的分享，更顯出良善的人性光輝。

變得形影不離的兩人有著相同的過去，出身阿富汗的她們，因戰亂與家人死別並逃離至難民營；她們也有對未來的共同期待，希望到自由安全的國家展開新生活。

故事接著描述兩人等待安置的日子。學生讀到這裡，也理解了難民營裡的生活，人們提著水桶排隊打水、在帳篷邊築起土灶生火煮飯，女孩無法像男孩一樣上學，琳娜和芙蘿莎在沙地上練習寫自己的名字。

學生們對此無法想像，「一千多年前的歐陽脩才會在沙地上寫字，沒想到現代還有人因為窮苦而以沙地為紙張，用細枝當做筆。」二年級國語課〈喜歡讀書的人〉課文中，主角歐陽脩已是時代久遠的歷史人物，然而，歷史卻成為現在進行式，讓人詫異。

繪本畫面中也表現出人們的穿著，有的婦女全身上下包裹得密不通風，有學生竟然說：「我媽也這樣穿，她很怕晒。」孩子啊！臺灣和阿富汗大不同，這不是愛美怕晒的防晒裝，這是伊斯蘭國家女性的傳統服飾「布卡」（burka）。尤其塔利班統治阿富汗期間，規定女性外出時，必須穿上布卡遮罩全身，否則將遭受嚴厲處罰，這種布卡又重又悶熱，造成婦女常有皮膚病的困擾。學生們聽完恍然大悟，紛紛感嘆：「太慘了！」

琳娜和媽媽終於等到去美國的機會，芙蘿莎脫下腳上的一雙鞋遞給琳娜，她跟琳娜說：「你不能光著腳去美國。」多溫暖體貼的一句話。離別時刻，芙蘿莎來送行，琳娜腳上穿著媽媽為人做衣服賺錢所買的嶄新皮鞋，她將已經褪色的一雙涼鞋交給芙蘿莎。

在琳娜走上巴士前，芙蘿莎呼喊並奔向朋友，將一隻涼鞋再遞回給琳娜。「一隻鞋有什麼用呢？」這回問話的人是琳娜。芙蘿莎說：「用來記住。」

故事結束在芙蘿莎踮起赤腳，手上拿著一隻涼鞋向著遠去的巴士揮手的畫面。

閱讀討論，發展觀點

故事結束，學生的坐姿從挺直身子回到放鬆放軟，臉上寫著既理解又不解的表情。理解的是對「阿富汗」、「戰爭」、「難民」、「人權」這些模糊名詞有了具體認識，不解的是地球的另一角落裡，有人正在絕望與苦難中討生活。

我讓學生以「4F」提問法（見下頁，圖1），進行小組討論後再發表。

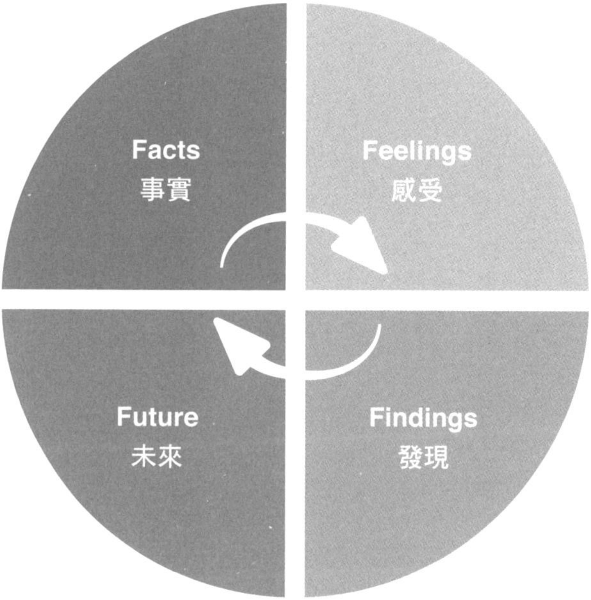

〈圖 1〉4F 提問圖

- **Facts** —— 我讀到……
- **Feelings** —— 我覺得……
- **Findings** —— 我發現……
- **Future** —— 我將來……

- 「Facts」——我讀到阿富汗有戰爭，民眾必須逃離家園，在難民營裡過著辛苦的日子。我也讀到，儘管貧苦，愛可以為彼此帶來溫暖。
- 「Feelings」——我覺得這個故事很震撼，有點感傷，但也很感動。
- 「Findings」——我發現不是每個國家的人都過著豐衣足食和安全安定的生活，世界上每個國家都有自己的難題。
- 「Future」——我將來會更珍惜我的生活，也會多關注世界上其他國家發生的事。

《四隻腳，兩隻鞋》的閱讀，提供了替代性經驗，並且讓學生展現對其他國家文化的好奇與關懷，同時發展自我觀點。

透過繪本選讀，可以增進對異國文化的認識與理解力，世界就在眼前展開。

這樣帶孩子讀——擁抱世界的繪本

共讀繪本推薦

- 《地圖》（小天下）
- 《四隻腳，兩隻鞋》（小天下）
- 《環遊世界做蘋果派》（維京）
- 《請到我的家鄉來》（小魯文化）

延伸閱讀討論及讀後活動

- 以「各國特色」為主題，展開閱讀討論。
- 搭配時事新聞，關注世界脈動。
- 以 4F 提問法引導學生討論故事與澄清價值，發展自我觀點。

《地圖》、《四隻腳，兩隻鞋》簡介

2 神奇的帽子讓想像力起飛

主題繪本

■《米莉的新帽子》（小天下）

二〇二一年五月下旬，因為防疫政策，展開了居家線上課程，孩子們一開始還感到特別，一週後新鮮感褪去，紛紛嚷著想回學校上課。在這居家不移動、停課不停學的艱難時期，孩子們少了與同儕的互動及戶外活動機會，必須多加關照他們的身心健康和情緒適應，我便設法幫喊著無聊的孩子們多創造些生活樂趣。

愛因斯坦說：「想像力比知識更重要。」知識有限，想像力卻可以概括一切。那麼，一起線上共讀《米莉的新帽子》，讓小女孩米莉擔任想像力創造大使，為蝸居在家的苦悶帶來新鮮感與創造力！

想像力，就是你的超能力

《米莉的新帽子》是日本繪本作家喜多村惠的作品，翻譯本書的方素珍老師說她經過外文書店時，被櫥窗裡繪本封面上戴著綴滿花朵高帽的俏皮米莉所吸引，於是，我們有幸看到這本書的中文譯本。的確，這是一本令人愉悅的繪本，任誰都會被穿著亮黃色小洋裝的米莉甜甜的微笑吸引目光。

我預定早上九點上線，以 Google Meet 形式開講繪本，八點半時將會議連結張貼在班級群組，小朋友迫不及待進到會議室，大家先閒話家常。居家防疫產生的距離美感，讓小朋友很期待與珍惜每次的線上聚會。大家陸陸續續進來會議室，我將畫面分享出來，小朋友聚精會神的期待美妙的閱讀旅程。

故事主角小女孩米莉喜歡櫥窗裡的漂亮帽子，可是她口袋空空。帽子店的店員拿出了一個「空」盒子，他告訴米莉，只要運用想像力，它就能變成各種想要的帽子。米莉開心的用錢包裡「所有的錢」買下這頂神奇帽子。回家的路上，隨著米莉走過的地方或店鋪，她的頭上不斷變化出各種帽子：孔雀開屏帽、多層蛋糕帽、噴泉帽。而且，路人也各自戴著五花八門的神奇帽子……

閱讀故事時，我以電腦分享繪本投影片畫面，另外透過平板觀看小朋友在線上的閱讀表情，每個人都笑咪咪的，還會對著畫面比手畫腳，每當米莉變化一頂新帽子時，眾人不時出現大笑或驚喜表情，可見大家喜愛這個故事。

故事結束，我問小朋友：「這本書裡提到最重要的想法是什麼？」一陣開啟麥克風的聲音喊著：「想像力。」接下來，我們玩起為自己和同學戴上神奇帽子的想像力遊戲。

我先為小翔戴上奶瓶帽，稱讚他很會幫忙照顧幾個月大的弟弟；我也為小羽戴上可愛的髮箍髮飾帽，因為每次線上聚會時，她總是頭髮梳理整齊的出現在鏡頭前。經過我的示範和讚美，大家開始玩了起來，為自己、也為同學戴上想像帽。男生戴上的，大多是足球帽和操場跑道帽。除此之外，還紛紛出現「我戴的是樂高帽，因為我昨天用樂高組了臺北一〇一大樓。」、「我戴的是學校帽，我想回學校上課！」、「小恩戴的是沙發帽，他已經躺在沙發上了！」被同學點名了，鏡頭裡的小恩不好意思的起身坐好。

廚師帽、打蛋器帽、各式書本帽、呼拉圈帽、海洋公園帽、十八尖山帽、百貨公司帽、彩色筆帽……各式各樣的帽子紛紛戴在大家頭上，洋溢著熱熱鬧鬧的笑聲。這些帽子看得見嗎？當然！就像米莉說的：「只要想像，它就在你的頭上。」

面對宅居防疫生活，這一本繽紛明亮的繪本閱讀帶來啟發，為生活增添色彩，也提振了士氣，讓我們感受到美好與美妙！

撕、搓、揉報紙，製作創意帽

能想像孩子穿戴上自己獨創的帽子作品，舉辦一場別出心裁的走秀大會嗎？一年級的孩子就可以做到！美勞課結合生活課，勞作創作融入繪本閱讀，跨域教學讓孩子展現才能。

一〇六學年度我擔任一年級導師，班上美勞課由專業的黃老師授課，黃老師規劃了一個課程，讓小朋友以報紙做出一頂帽子並走秀展示。我有了統整教學的想法，想以繪本閱讀協作美勞課堂，讓走秀更成功，還要以日記寫作收尾，於是課程有了更豐富生動的面貌。

美勞課的部分，學生以報紙為主要材料，不能用剪刀或刀片，只能用手撕、搓、揉來處理，這可以訓練小肌肉力量，同時讓作品產生自然線條，而不是刀具剪裁紙張的工整與死板，之後利用膠帶黏合組裝。材料工具很簡單，卻可以展現無限手作潛能。

接著，小朋友決定喜愛的主題，設計製作出屬於自己的獨一無二的帽子，從小朋友表現的主題，正可以反映其個性喜好或內在想望。當老師預告還要舉辦一場走秀大會，小朋友驚喜又期待，自是更加謹慎製作。

過程中，小朋友展現比過往課程更高的興趣與專注力，有時在座位上安靜撕著黏著又拆掉，有時起身和同學討論或找老師發問；有人時不時拿著半成品套在頭上比對，偶爾站起來左瞧右看，或瞇眼或歪著臉找角度，神情就像一位專業工匠；還有人戴上帽子，跑到牆邊鏡子前比對再調整，人人專心投入。

儘管教室呈現紙片滿桌、紙屑滿地的慘烈狀態，但孩子們想把心中揣想的模型從無到有製作出來，他們思考、設計、規劃、製作，手腦並用具體呈現成果的努力令人動容，這不是件容易的事，每張認真的小臉都特別迷人。

約莫四節課的時間，帽子大功告成，接下來由我接手，繪本上場囉！

米莉的微笑，邀你同遊想像的美好

「大家完成了自己的帽子，有個繪本也在講帽子的故事，米莉就是今天的主角啦！」我事先將繪本做成投影片，當封面投影在教室前的電子白板上，小朋友們紛紛發出「哇！好可愛！」的讚美聲，表示心已經被微笑米莉擄獲了。米莉頭頂上戴著高聳入雲霄的繽紛帽子，邊走邊看向右側，就像在跟讀者打招呼，成功吸引了讀者的目光與好感。

故事從米莉放學開始說起，她在回家路上經過賣帽子的商店，目光被櫥窗裡那頂彩色羽毛帽吸引而走進店裡。畫面上，帽子店裡鋪著紅地毯，天花板上高掛著水晶吊燈，男店員西裝筆挺還打著領結，由此可知這是一家高級帽飾店。

店員對於闖進一個小蘿蔔頭不以為忤，像對待大人一樣的接待小客人，誠懇有禮的稱呼她為「夫人」，也回應米莉想試戴的請求，更讚賞她的眼光。有句話說繪本是給成人看的，好喚醒大人沉睡已久的童心及提醒「同理小孩」的必要，果真如此！店員對待米莉的尊重態度令人感動。

米莉表示想買帽子，但拿出的錢包空無一文時，店員心生妙計，並慎重其事的拿出一個空盒子，打開盒蓋，再拿出裡面的「帽子」戴在米莉頭上。店員說這是一頂神奇的帽子，只要運用想像力就能讓帽子變成想要的尺寸、形狀或顏色。

米莉滿意極了，還掏出「所有的錢」，兩人煞有其事的完成交易。短短四頁畫面，表現了店員和米莉的溫馨互動，神乎其技的讓米莉擁有了一頂新帽子。

小朋友最感趣味的，是店員稱呼米莉為「夫人」。我最初閱讀時，也很好奇原文如何書寫，之後有機會見到翻譯本書的方素珍老師，我當面請教，方老師說原文就是「Madame」，大陸翻為「女士」，她認為翻譯作「夫人」更巧妙。後來我查了資料，有一說法是在法國稱年輕小姐為Madame是一種尊重，代表在店員眼中，她們是消費得起的階層。當我把這段題外話說給學生聽時，大家更覺得趣味極了。

回到故事情節，米莉戴著「新帽子」開心走回街道時，頭頂上是空的，她開始想像。不一會兒，米莉戴上開屏的繽紛孔雀帽，更勝原先櫥窗裡的彩色羽毛帽。經過蛋糕店時，她戴上高達十來層的蛋糕帽，再經過花店和公園，她的帽子也跟著變化。接著，她更發現除了自己，其他人也都有各自特別的帽子。

跨頁畫面裡，米莉站在公園裡，看著來往的人們頭上有各異其趣的帽子。我將畫面暫停此處，讓小朋友細細欣賞，感受觀察的樂趣，揣摩人物的心情、喜好，甚至是職業與帽子的關聯。小朋友興致盎然的欣賞討論著：

「他戴著起重機帽，應該是蓋房子的老闆。」學生說的是胖胖的、背著公事包的男士。

「這位媽媽可能想去海洋公園看表演。」一位女士手上拿著滿滿的東西，頭上戴了海獅頂球帽。

「他們一定是恐龍迷，剛好在討論恐龍。」兩個男孩走在一起，頭上是暴龍和翼龍帽。

「這位女士一定很喜歡上教堂。」、「胖太太想要養寵物。」、「貓咪想要找主人，戴著尋人啟事帽。」好熱烈的討論。

故事翻頁接續。迎面走來一位戴著黑沉沉池塘帽、癟著嘴、拿著拐杖低頭走路的老婆婆，米莉對著老婆婆微笑，下一頁畫面轉變成老婆婆頭上的帽子有了小鳥和魚兒在盤旋跳躍，老婆婆開心的笑了，腳步輕盈的把拐杖揣在腋下小跑步了起來。

我問學生，老婆婆為何有這樣的改變？學生一時沒有意會清楚，直接猜測：「老婆婆突然想到好笑的事。」我搖搖頭，再次讓學生把畫面看清楚，學生修正了答案：「因為米莉對老婆婆微笑！」賓果！儘管是陌生人，微笑可以像溫暖的陽光照亮自己及他人。

於是，原本在米莉頭上盤旋跳躍的小魚和鳥兒，亮麗了老婆婆黑沉沉的池塘帽，米莉則換上了一頂小鳥快樂群聚高唱的帽子，隨後帽子不斷加長加大，更加繽紛閃亮，代表米莉心情好極了。這是作者巧思安排希望讀者省思對人友善帶來的擴散效應之處，我停下提點學生讀懂。

故事收尾俐落精巧，米莉到家後，問爸媽是否喜歡她的新帽子，媽媽意會過來後，稱讚她的帽子很神奇，米莉有神的回應：「只要想像，它就在你的頭上。」故事畫下完美句點。

走秀準備——介紹我的神奇帽子

故事讀完，大家意猶未盡，臉上漾著的笑容，代表對這個故事滿意極了。我問小朋友：

「『故事只是包裝，作者有話要說。』作者想說什麼？提出你的閱讀金句。」閱讀金句就是學生的閱讀體會。

大家紛紛開口：

「想像力就是你的超能力。」

「每個人都可以有屬於自己的帽子。」

「不要怕想像，想像很好玩。」

「不必在意跟別人不一樣，我們可以有自己的風格。」

呼應著學生提出的閱讀體會，我切入討論大家已做好的獨一無二的帽子，我鼓勵孩子們走秀要展現自己的風格，像米莉一樣大方有想像力。走秀要成功，首要條件是對自己的帽子有足夠的了解，才能展現自信，也可想好服裝搭配，走起秀來更有模有樣。

上語文課時，我常使用思考地圖（Thinking Map）中的泡泡圖（Bubble Map），做為理解記敘文的圖像工具，這一次也用泡泡圖為走秀預做計畫。

語文課時，我們依據泡泡圖（見下頁，圖2），以「什麼人（人）、在什麼時間（時）、什麼地點（地）、做什麼事（事），注意特別的物（物）」的順序試說課文大意，套用在走秀活動上，便是「我（我們）要在六月二十二日週五這天，在教室戴帽子走秀。」小朋友要加以著墨之處，就是「物——帽子」，要具體清楚的介紹帽子特色或功能，想想是否有適合搭配的服裝，再想想以什麼樣的姿勢、態度、表情，最能展現帽子風格。

學習單展現——**帽子特色說明**—— 小嵐

- 我的帽子是蝴蝶帽。
- 我的蝴蝶帽可以立起來，也可以通風。
- 我的帽子很大。
- 走秀的時候要抬頭挺胸、微笑。
- 我要穿紅色衣服走秀。

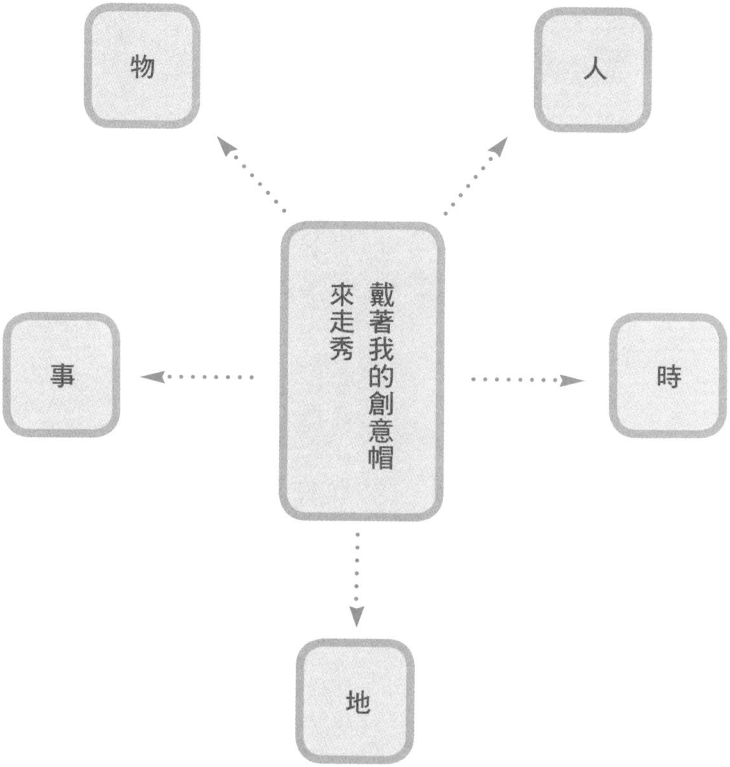

〈圖 2〉創意走秀泡泡圖

- 人 —— 我（我們），以第一人稱「我」來介紹最有親切感
- 時 —— 六月二十二日週五
- 地 —— 教室
- 事 —— 戴帽子走秀
- 物 —— 帽子

學習單展現——帽子特色說明—— 小碩

- 它叫甩帽。
- 甩帽的上面有鍊子。
- 甩帽有兩隻角。
- 甩帽是十字形。
- 甩帽很長。
- 我要微笑、正經、挺胸。

走秀登場，銳不可擋

週五這天，精采的走秀登場了。我們把教室桌椅撤向兩邊，空出前後及中間，形成 L 形走道。黃老師在走道前後兩個定點，各放一個小橡皮擦當暗號，走到第一個橡皮擦的位置，要停下來擺個姿勢，走到第二個橡皮擦的位置停下來再擺一個姿勢。

黃老師在白板上簡單畫圖，寫下「『創造里』第一屆走秀大舞臺」，一旁寫下「走秀小祕訣：一、面帶微笑；二、態度大方別害羞；三、要鼓勵同學」。

學生分三組輪流上場，教室外的走廊是預備區（後臺概念），隨著音樂響起，模特兒將魚貫進場。

在輕鬆輕快音樂的襯托下，創意帽走秀開始了。有人腳步輕盈跳進來，有人大搖大擺自信十足，有人掛著害羞表情但也鼓起勇氣走進伸展臺。

小柏第一個出場，他的忍者帽讓自己臉上幾乎只露出眼睛，右手拿著假「手裡劍」，左手拿「假忍刀」，太酷了，一出場同學們就拍手歡呼。他故意左顧右盼，微微駝著背，不時揮動兩手的祕密武器，一改平日暖男形象，秒變帥氣。

小佑的魔法帽太大了，走著走著，帽子掉到脖子和胸前，黃老師趕快上前幫他整理，不過當他兩次停下揮起手上的魔杖時，也是很酷呢！

小承有一個很炫的大砲帽，砲管筆直向前伸，搭配手上一個像羽球拍的「祕密武器」，黃老師旁白說明這可以玩套圈圈、也可以發射東西，大家發出「哇嗚」聲，讚嘆不已。

小融穿著灰色衣服搭配太空帽，造型驚豔全場，全罩式帽子很有立體感，加上全套配件，背包當氧氣筒，手上有個像夜市撈魚的小圈圈，黃老師旁白說明這是連結呼吸的設備。

小語戴上公主帽，穿著小洋裝，走到定點就停下來勾起一隻腳，再彎起手臂將手掌放在下巴處，眨著大眼睛的模樣可愛極了。

小楓的「花圈帽」是由幾個圈圈組成的帽子，她特地穿了美麗的蓬裙，整體帶著秀氣的小女生氣質。

小蓁戴著洞洞帽出場，先是揮揮手，再來一個跳躍旋轉，結果帽子掉下來，大家哈哈笑，她也笑嘻嘻的撿起帽子再戴回頭上，然後一溜煙跑走了。

小臻是班上個兒最高的女生，垂下長辮的長髮公主帽配合身高相得益彰，她害羞的揮揮手再小小跳起，兩手做個小啾咪動作，可愛又迷人。

小睿的燈籠魚帽很厚實，還向後延伸長度。根據小睿寫的帽子特色說明，黃老師要大家想像這頂帽子最前面的小圈圈會發亮，戴上它，身上便會產生電，太陽也晒不到頭。小睿帥氣的雙手扠腰、下巴微抬，表現對自己作品的自豪。

小允本來做的是一隻熊，後來兩個長圈圈太明顯，讓她的熊帽變成兔子帽，所以她是裝成兔子跳進場的。

小寧做了一頂買菜帽，有前緣可以遮陽，還垂下一個袋子可以裝菜。

男女作品大不同，男生比較陽剛，女生則是比較秀氣，但都各顯神通、各有特色。有的小朋友害羞，伸著舌頭、縮著肩膀走出來，大家會說：「大方一點」、「不用害怕，我們會鼓勵你。」也會提點同學：「走超過位置了」、「要停下來擺姿勢啦！」不管小朋友表現如何，主持的黃老師一定是「很好」、「好棒」、「掌聲鼓勵」、「太讚了」的鼓勵話語，搭配說明出場主角的造型及學習單上小朋友自己寫的帽子特色，一旁欣賞的觀眾也十分捧場的拍手叫好，氣氛熱鬧歡騰。

我在後頭攝影拍照，忍不住想放下相機用力鼓掌。真有才啊，這群孩子！不敢相信從創作到成功走秀的是一年級的孩子，耀眼得令人刮目相看！

走完第一輪，小朋友猶在興頭上，也走上癮了，問著可以再走一次嗎？於是，有意願的人蹦蹦跳跳到外頭準備。第二輪秀場由志願者恩寶主持，她模仿黃老師的口吻當起稱職主持人，大家熱熱鬧鬧再出場一次，臺風比先前更大方，臺步更流暢穩健。

謝幕也是必要的，小小模特兒一一出場，他們先走入場中央，再走上講臺，然後，黃老師牽著小主持人恩寶出場，眾人一鞠躬，說聲：「謝謝大家！」

最後，大家戴上各自的帽子在講臺前合影，小朋友問我：「老師，只有你沒有帽子？」對耶！我沒有帽子。這時，我看到小朋友放置在教室後方櫃子上的機車安全帽，調皮拿了頂戴在頭上。看著我把自己的大人頭擠進可愛卡通安全帽裡，小朋友被逗樂了，全班留下愉悅幸福的大合照。

登臺走秀後，寫下心得

趁著新鮮有感，這天回家功課便寫一篇小日記，記錄走秀心得。因為實際操作過、經歷過，小朋友寫起來特別豐富有料。

小日記——走秀心得—— 小豪

我走秀的時候好緊張，我走了兩次。老師說我第二次比較好。第一次上臺我扮了一個鬼臉，第二次上臺又擺了一個姿勢。我覺得好快樂，希望下次可以再走一次。

小日記——走秀心得—— 小嵐

今天大家走秀時都帥帥氣氣、漂漂亮亮，同學都很開心，下次還要再走秀。

小日記——走秀心得—— 小碩

今天早上的美勞課有走秀，我戴著自己做的帽子走秀，這頂帽子是用報紙做成的，我前兩次做的動作跟表情是鬼臉，後兩次是耍帥，老師幫我們拍照錄影。這頂帽子為什麼叫做甩帽呢？因為它上面有鍊子可以用來甩去，它的上方還有一個十字形裝飾，裝飾上還有兩隻角。

初生之犢不畏虎，我們希望在孩子小時候養成發表的習慣，用一雙手創作一個世界，用一個創意表現自我。透過美勞手作結合繪本閱讀，讓孩子經歷一場高度參與和高度展能的動態學習，知識走出了書本，能力走入了學習表現，真是一場美好的學習盛宴。

這樣帶孩子讀—《米莉的新帽子》

共讀繪本推薦

・《米莉的新帽子》（小天下）

延伸閱讀討論及讀後活動

・討論故事意涵，理解想像力的重要。
・跟著故事軌跡，欣賞各式各樣繽紛的想像帽。
・利用報紙或手邊容易取得的材料，做一頂專屬自己的特色帽。
・走一場戴帽秀。
・以日記記錄心情和收穫。

《米莉的新帽子》簡介

3 跟著狐狸愛上圖書館

主題繪本

■《狐狸愛上圖書館》（小天下）

我曾經聽洪蘭教授在一場演講中說了個故事，美國知名神經外科醫師班．卡森（Ben Carson）從小在底特律黑人貧民窟長大，父不詳，只有小學肄業的母親以打工維生。卡森小學五年級時，只有二年級的閱讀程度，在課堂上聽不懂，回家就是看電視。

有天，媽媽下班返家，關掉電視說要帶他上圖書館。原來這天媽媽找到正式工作，在一位教授家當幫傭，媽媽發現教授全家人風度氣質俱佳，而自己家和別人家最大的區別，是「家裡沒有書」。媽媽心想圖書館有書，去那裡就對了。

媽媽唯恐去離家近的圖書館，孩子會熟門熟路自己跑回家，卡森就這樣百般不願的被帶到離家甚遠的圖書館。進到圖書館還能怎麼辦呢？只能安靜，只能看書。他沒料到這天在圖書館看的書內容與學校課程有關，讓他隔天上課竟然破天荒能正確回答老師的問題，他就此發現圖書館的奇妙之處，開始上圖書館，開始讀書，十多年後成為神經外科醫生。

對照兒時玩伴有的吸毒過量離世，有的縮在街角乞討，卡森說，母親的一念之間，以及關掉電視的那根手指頭，翻轉了他的人生。

班．卡森的故事，說明父母親的態度決定孩子的命運，我們也從中看到親近圖書館及閱讀所帶來的影響。

帶孩子上圖書館就對了

我有個學生家長就像班．卡森的媽媽一樣，這是個異曲同工之妙的故事。

我曾帶過一個五年級的班級，全班四十多位學生中，略顯靦腆的小臻循規蹈矩，凡事按部就班，成績名列前茅，用品學兼優來形容她最是貼切。我暗自猜想這孩子的智力測驗成績應該很高，就是個資優生嘛！有天檢視輔導資料時，我特地注意她的智力測驗成績，想證明自己所猜不假。出乎意料的是，映入我眼簾的字眼並非原先猜想的「智能優異」，而是「一般智能」。

當然，測驗結果是參考，並非絕對，孩子的表現亦和諸多因素相關。小臻的智力和多數人一樣落在平均值，她的努力與穩定情緒使自己的各項表現都出類拔萃，日後我也持續欣賞這孩子的傑出表現。

某天，小臻爸爸來訪，客氣的謝謝我將孩子帶領得很好，孩子在家裡也不需要父母操心。殊不知這些話語正是我想對小臻父親說的，我謝謝他對家庭教育扎根經營，孩子在校十分自律，也和同學共好，更是我的好幫手，我才想請教小臻爸爸家庭教育的竅門呢！

小臻爸爸客氣的說自己只有國中畢業，實在不知道怎麼教小孩，他在農業研究機構擔任司機，日常接送的都是碩博士級的研究員，他對高級知識份子的談吐與工作內容心生仰慕，也希望子女將來可以多讀書、找到好工作。小臻爸爸虛心請教，這些高學歷研究員跟他說：「把小孩丟到圖書館就對了。」

小臻在家排行老大，下有兩個妹妹和一個弟弟，四個小孩平日就能湊成一支熱鬧隊伍，在家玩得笑嘻嘻又笑哈哈，鬧騰起來也能掀翻屋頂。孩子們雖不至於搗蛋闖禍，但小臻爸爸希望他們的學習能更上一層樓。

小臻升四年級那年暑假，爸爸進行了「上圖書館訓練計畫」。他跟孩子說：「走！去圖書館。」他們自是不願意，在家玩鬧多輕鬆啊！但礙於爸爸的威嚴，而且爸爸允諾只去一個小時，孩子便也乖乖聽話，心想一個小時而已，咬咬牙時間很快就過了。幾個小蘿蔔頭被帶到新竹市文化局圖書館的「寶兔館」，這是專屬兒童的圖書室。

孩子都知道進到圖書館要安靜，學校裡有教，他們自然安靜的不說話、不玩鬧。圖書館裡只有書，除了看書還是只能看書。小臻爸爸心想，初到圖書館，不要一開始就給孩子挫折感，加上孩子年幼，因此他先設定一個小時的時間讓他們慢慢適應。

頭幾天，孩子一再表達不想去圖書館，承諾在家會乖乖的，但爸爸堅持原則，幾次後，他們知道抗命無效，只能乖乖就範。漸漸的，上圖書館變成日常例行事務，爸爸也慢慢加長孩子留在圖書館的時間，他們還參加了一些圖書館辦的免費活動，直呼有趣。這個暑假格外充實。開學後，上圖書館的習慣持續著，爸媽發現孩子的心性日益穩定，學習也較容易專心，成績自然提升上來了。

小臻父親的一番話，聽得我感動萬分，家長的信念真真實實影響孩子的發展。有句話說：「勉強成習慣，習慣成自然。」上圖書館是好事，讓孩子親近圖書館、利用圖書館，再怎麼勉強也值得投資。

現在的小臻已長大成人，在新竹科學園區的高科技公司任職，是一名優秀的研發工程師呢！這位趕孩子上圖書館的樸實父親是我敬重的對象，也是我在家長座談會或親職講座總要分享的人物故事。

圖書館是智慧的寶庫，讓圖書館走入生活，讓圖書館成為生活和休閒的一部分有益無害，帶孩子上圖書館就對了！

老師的禮物——讓學生認識圖書館

閱讀的效益不用多言，古有明訓，現今也有持續不斷的研究佐證。在學校裡，老師的職責之一是鼓勵學生閱讀，要閱讀首先便是要有書。

書從哪來？平日我除了鼓勵小朋友書包和座位抽屜籃裡要有從家裡帶來的書，教室裡也有圖書角讓他們自由取閱。而要讓學生養成永續閱讀的習慣，最好的方式就是上圖書館。

學校裡一定有圖書館，圖書館是存放書籍和報章雜誌的地方，也是小朋友在課餘可以放鬆身心的絕佳場所。在圖書館裡，可以親近書本領略文字魅力，更可以學習安靜與感受紀律秩序，若老師能引導學生認識圖書館、親近圖書館、利用圖書館，這將是送給學生的一份人生大禮。

共讀《狐狸愛上圖書館》，找到好點子

一拿到《狐狸愛上圖書館》時，我便被封面吸引。磚紅的背景色格外溫暖，小老鼠坐在高高的書堆上和狐狸對看，狐狸淺淺的笑著。這畫面超乎想像，狐狸一般都以聰明而狡猾、奸詐又虛偽的形象示人，但繪本封面上的狐狸竟然微笑著和老鼠對視，牠們之間肯定有對話流動，或許也有友誼產生。

故事從小老鼠被狐狸追著跑進圖書館而展開。狐狸想吃掉小老鼠，小老鼠急中生智搬來一本書，想讓狐狸產生「好點子」，讓狐狸知道大餐應該是農場母雞而非是牠，小老鼠暫逃一劫，故事中場加入被狐狸叼咬在嘴裡的母雞。

隨後，老鼠、狐狸與母雞在圖書館裡的互動，精準發酵了故事所欲傳遞的溫度，而文字流動中，孩子們認識了圖書館這座知識寶庫。

好棒的繪本！讀著讀著，我也產生了「好點子」，這本繪本可做一魚多吃，低、中、高年級都適用，不同年段有不同需求，絕對可以產生各異其趣的火花。

繪本是認識圖書館的敲門磚

如何讓一年級的小朋友認識圖書館？有趣的故事繪本是最好的媒介，滿足小朋友喜歡看故事、聽故事的胃口之外，也能知道圖書館的功能和使用規則，更進一步愛上圖書館，真是一舉多得。若新學期擔任一年級導師，《狐狸愛上圖書館》一定是我速速拿出手和小朋友相見歡的好書之一。

小一新鮮人慢慢熟悉校園環境、漸漸適應小學生活作息，也在國語課學習以注音拼音發展閱讀能力之後，夏末秋初，該是讓他們認識圖書館的時候了。

我們在教室裡看著我從繪本掃描的投影片共讀故事，感受狐狸、老鼠和母雞這不可思議的組合產生的美好友誼。讀完之後，我們前進圖書館，實地感受圖書館氛圍。

小朋友第一次進圖書館，自是莫名興奮，新鮮感之外，我更想呵護及創造他們日後願意不斷走進來的契機。

我以書中角色比擬：「狐狸追著老鼠跑進了圖書館，這是牠第一次進到圖書館，就像你們也是第一次進到學校的圖書館。所以小老鼠對狐狸說的話，也就像老師對你們說的話。」沒想到小朋友可愛的回應我：「老師，你在跟我們說話，你就是老鼠囉！」有道理，那麼，我扮演老鼠，你們就是狐狸囉！

師生共演繪本情節，一起愛上圖書館

隨著故事線開展，我們師生上演老鼠與狐狸的圖書館對話。

「進到圖書館之後，小老鼠對狐狸說的第一句話是：『噓！難道你不知道這裡是一個很特別的地方嗎？怎麼可以這樣大聲吵鬧！』這句話是什麼意思啊？」我問。

「就是在圖書館裡要安靜，不可以大聲，不可以吵鬧。」

「狐狸和老鼠跑進圖書館後，就停下來沒追來追去了，在圖書館裡不可以跑來跑去。」

「老鼠有對狐狸說『噓』，就是要小聲。」小朋友說。

「那麼，我們進到圖書館也要安靜，真的要說話時要小小聲，也不可以追逐奔跑。」我說。只見有的小朋友馬上做了個拉上嘴巴拉鍊的動作，或是緊閉小嘴，真是可愛。

「狐狸不知道什麼是圖書館，小老鼠說，圖書館裡有很多書可以借來讀，讀書會讓你有很多好點子。牠們看到了食譜、有聲書、魔術書、百科全書，現在我們一起來看看，圖書館裡有什麼書？」接著，我變身導遊，搖著旗桿讓小朋友 follow me，認識圖書館各區位的藏書。

圖書館一進門有期刊雜誌區，還有新書介紹專區。書櫃漆上繽紛色彩的木質地板區是繪本專屬區域，這裡很適合一年級小朋友選書閱讀。小朋友眼睛骨碌碌環顧書架上琳琅滿目的書籍，迫不及待想觸摸感受書的溫度。

接著，小朋友自由探索，真有劉姥姥進大觀園的新奇感。隨後，大家七嘴八舌形容看到的書有：大本的書、小本的書、翻開會唱歌的書、英文的書、寫很多國字的書、厚的書、薄的書、漫畫書、故事書、自然科學的書、地圖、字典、大人看的書、很多圖畫的書、教畫畫的書、摺紙的書、童話書等。

再問小朋友想不想看書？小手都舉得高高的，但不急，老鼠和狐狸的戲碼還沒演完呢！

「小老鼠推薦了一本書和CD給狐狸，牠提醒狐狸要先辦一張借書證，歸還時，東西不可以有咬過的痕跡。這是什麼意思？」我問。

「要有借書證才能借書。」

「不可以咬書就是要愛惜書，不要弄壞、不可以亂畫、不可以撕破、不可以掉到地上、不可以碰到水。」一年級小朋友真的很能舉一反三。

我秀出全新的借書證，說明這就是在圖書館借書、還書的通行證。要借書時，就到服務櫃臺請志工家長刷卡登錄，還書時放到櫃臺就行了，志工家長會刷條碼確認。

我再問小朋友，要如何好好保管這張小小的借書證？小朋友說，可以放在書包最前面的小袋子、書包裡的夾層小袋子，或是鉛筆盒的第二層，也有人說放到爸媽準備的卡片袋裡等。都好，自己要記住放在哪裡，要妥當的放置借書證。

有小朋友說放在抽屜籃也可以，我說根據學長姊的經驗，放在抽屜籃很容易被亂塞或是被其他書本夾住，常常找不到，建議小朋友還是幫借書證找個舒適安全的家。至於小朋友是否會弄丟借書證，這事也是偶有的。弄丟借書證的人必須自己承擔後果，要親自跑程序到圖書館登記重辦、等待補發期間不能借書，圖書館也會收取重新製作證件的材料費。

小朋友一聽，都說還是好好保管最重要。

「狐狸和母雞談條件，狐狸幫母雞挖通道讓牠自由進出農場，母雞則是教狐狸認字讀書，牠們借了好多好多的書。」我把帶在身邊的繪本翻到這一頁，母雞搬著比天高的書，狐狸雙手拿不動書了，頭上也頂了好幾本，牠們看來是要讀個痛快啊！這個頁面好美，狐狸和母雞臉上洋溢著滿足的表情，狐狸從齜牙咧嘴的凶惡模樣，變成溫柔和善的表情，真是「腹有詩書氣自華」的轉變哪！

「老鼠說一次不能借超過十本，時間到了一定要拿回來還。這代表借書有期限喔！」我說明學校圖書館規定一次借兩本，借書期限是兩週。

接著，我們歸納圖書館的使用規則：在圖書館裡保持安靜、用借書證借書、要愛借書、一次借兩本、注意借書期限。

我的閱讀計畫與閱讀宣言

認識圖書館基本使用規則之後，小朋友早已躍躍欲「讀」。大家脫鞋進到繪本區，在書櫃前挑挑選選，選最想看的書，用最舒服的姿勢閱讀。

同時，這次也要練習使用借書證，所有程序都親自操作一回，小朋友很是謹慎，因為這是「長大」的表示，人生第一回進學校的「大」圖書館呢！借的書帶回教室隨時可讀，也可以和同學交換閱讀或分享討論，更可以帶回家和家人共讀，都好。

有幾位小朋友明顯拿了「超齡」的書，也就是文字量過多的書，有好心同學建議借繪本比較好，我說無妨。借的書回去翻翻看，慢慢拼音，請家人讀給你聽也可以，真的看不懂也沒關係，至少選的是自己這天最感興趣的書，那就很值得。待小朋友漸漸識字，能夠流暢的閱讀句子，屆時就可以從繪本區擴展閱讀領地，挑戰其他的書。

我衷心以為，閱讀可以是自由的、嘗試錯誤的、不必被規定的。

「好的開始是成功的一半。」至此，小朋友認識圖書館已成功一半，若日後能持續利用圖書館，則圓滿了另一半。我設計了學習單，希望讓小朋友記錄這天上圖書館看書的第一次、借書的第一次；同時也想想：「自己一週能上圖書館幾次？一週希望借幾本書？」讓利用圖書館變成日常，讓圖書館變成校園裡一個常來的所在。

不過，學習單並非填寫數字就好，不是要比賽天數與本數，而是發自內心認真思考過，並真實感受到閱讀的收穫，才能為自己「量身訂做」閱讀計畫。於是，課程收網在書中的金句：「讀書會讓你有好點子。」

「小朋友覺得小老鼠聰明嗎？為什麼？」我問。

「聰明，牠讓自己沒有被狐狸吃掉。」小朋友說。

「沒錯，小老鼠說了一句很重要的話：『讀書會讓你有好點子。』牠用好點子讓狐狸轉移注意力，救了自己。小老鼠要多久去一次圖書館才能產生聰明和解決問題的效果？」我問。

大家的回答五花八門，常常去、每天去，一週去四五六七次，猜測老鼠就是住在圖書館的牆壁洞裡……都有。但總歸一句，小老鼠一定是常常去圖書館，常常親近書本才能產生好點子。

我問：「想不想變聰明？想不想有好點子？」大家都想，人人點頭如搗蒜，那麼，常常光臨圖書館是必要的！我要孩子們想想，如何規劃自己一週上圖書館的時間，和自己約定一週借書的本數，然後，孩子們謹慎的完成學習單。這張學習單要壓在教室座位的透明桌墊下，時時提醒對自己的承諾。

在這次圖書館初體驗結束前，我們在圖書館前的臺階集合，我說：「這本書的書名是《狐狸愛上圖書館》，我們也跟狐狸一樣，一起來愛上圖書館吧！因為讀書會讓你有……」小朋友異口同聲的大聲說：「好！點！子！」

最後，來個鏗鏘有力的閱讀宣言吧！大家舉起了小手，握拳揮向天空，大聲喊出「○○（自己的名字）愛上圖書館！」響徹雲霄的閱讀宣言，就是這天最美麗動聽的自我期許！

這樣帶孩子讀——《狐狸愛上圖書館》

共讀繪本推薦

- 《狐狸愛上圖書館》（小天下）

《狐狸愛上圖書館》
簡介

延伸閱讀討論及讀後活動

- 配合閱讀課使用，或是適用還沒上過圖書館的小朋友。
- 跟著故事軌跡，逐步認識圖書館功能及使用規則。
- 走訪圖書館及自由閱讀。
- 訂定每週閱讀計畫（配合附錄《狐狸愛上圖書館》學習單）。
- 閱讀宣言大聲說。

\ 附錄 /

《狐狸愛上圖書館》學習單

班級：____________

座號：____________

姓名：____________

日期：____________

書名 《狐狸愛上圖書館》（小天下）

作者 羅倫斯．波利（Lorenz Pauli）

故事地圖

狐狸追著小老鼠鑽進了圖書館，小老鼠說這不是打獵的地方，這裡是圖書館，不可以大聲吵鬧。狐狸很好奇什麼是圖書館？不久，狐狸發現一個遼闊的世界，就在書的封面和封底之間。

我的閱讀紀錄與計畫

今天我在圖書館看的書是：____________

今天我在圖書館借的書是：____________

我希望以後每個星期能到圖書館看書：______ 次

我希望以後每個星期能到圖書館借書：______ 本

我的閱讀宣言：

____________ 愛上圖書館！

下載學習單

4 跟著小老鼠認識說明文寫作

主題繪本——《狐狸愛上圖書館》（小天下）

有的孩子喜愛閱讀，但說到寫作就頭痛。的確，閱讀與寫作之間的串聯不易，需要適當引導。

先說「讀」。

我喜歡帶小朋友讀繪本，有些經典繪本歷久彌新，從孩子幼兒時期到小學會不斷被推薦閱讀。比較困擾的是，教學若帶到這種常青樹型繪本，小朋友常會說：「這我看過了。」「我們讀過了！」新鮮感褪去大半。因此，經典之外，我也喜歡帶學生讀最新出版的繪本，先看先享受，教學上也更能抓住學生的注意力。

再來聊「寫」。

寫作的類型中，除了國語課常接觸的記敘文，說明文也是生活中常見到的文類，廣告宣傳、導覽手冊、競選文宣、物品使用說明書等，都是說明文。可見說明文富有實用性，運用範圍也相當廣，說明文寫作值得重視。

《狐狸愛上圖書館》一書熱騰騰上市時，我擔任二年級導師，學生對圖書館使用知之甚詳，但這麼美妙溫暖的繪本怎可不快快讓學生嚐鮮呢？加以書中介紹圖書館特性，正適合用做說明文的寫作練習。就是這本書了，讓讀寫整合、一氣呵成吧！

閱讀首部曲——預測與提問

閱讀前，我請小朋友就封面圖畫與故事名稱「狐狸愛上圖書館」做預測與提問。書名表現清楚人物與地點，再呼應封面圖畫小老鼠高高坐在書堆上，狐狸和小老鼠對視，學生能精準預測主角是狐狸，其中還有小老鼠的角色，地點和圖書館有關。

學生的預測是：

「故事應該是說狐狸在圖書館裡發生的事。」

「故事可能在說狐狸和小老鼠在圖書館看書的事。」

「故事可能在說狐狸以前不喜歡去圖書館，後來被老鼠鼓勵，牠就喜歡去圖書館了。」

學生的提問是：

「狐狸和老鼠在說些什麼話？」

「狐狸和老鼠是好朋友嗎？」

「狐狸會不會吃掉老鼠？」

「狐狸和老鼠在圖書館裡做什麼事？看什麼書？」

「這個圖書館是怎樣的圖書館？」

我只管先讓學生預測和提問，並不回應，一來是因為學生的預測八九不離十，且都扣著觀察所得的線索提問，沒有偏離主題。此外，預測產生驚喜，提問帶來專注，隨著故事開展，學生會檢視預測是否準確，並自己找到提問的解答。

我先將繪本掃描做成投影片，打開單槍投影機，故事畫面呈現在大大的電子白板上，全班共讀。

故事開始是一隻小老鼠好整以暇靠在建築物牆邊，享受著夜晚的寧靜，隨後出現狐狸想逮住小老鼠。小老鼠機靈敏捷，俐落跳進地下室窗戶裡，狐狸緊跟在後頭又擠、又跳、又跨、又穿、又衝、又鑽的，場景跟著進入了圖書館。

在描寫狐狸想抓住老鼠的文字中，使用許多急追的動作動詞，讓故事一開始便表現十足張力，引人入勝。

接著，狐狸在圖書館裡用力嗅聞著味道，遠處書架角落出現老鼠身影，狐狸再次緊追不捨。但，剎那間，老鼠止住腳步，不閃不躲直接面對狐狸，就此開展兩人對話。

老鼠對狐狸說：「噓！難道你不知道這裡是一個很特別的地方嗎？怎麼可以這樣大聲吵鬧！」後來又說：「這裡的東西只能用借的，所以我不可能是你的。」小小老鼠面對伸手便可攫住自己吞進肚裡的狐狸，顯得不畏不懼。

老鼠自知狐狸把牠當成食物，老鼠想殺出一條生路，便開始介紹圖書館，說這裡不是打獵之處，而是有很多書可以借來讀，讓人產生好點子的地方。未曾到訪圖書館的狐狸被老鼠的話吸引，但也產生不少困惑，老鼠便遞給狐狸一本書。狐狸看著書中圖片有了「好點子」，明白雞對牠來說才是一頓真正的大餐，瞬間老鼠鬆了一口氣。

狐狸起心動念想看書了，尷尬的是牠不識字，老鼠建議狐狸借閱有聲書，還提點牠借書要辦證件。

故事緊湊的發展，狐狸叼來了農場母雞，正當狐狸想大快朵頤時，母雞也用「好點子」告訴狐狸，雞骨頭會刺傷牠的喉嚨和胃。狐狸想求證母雞說的話的真實性，小老鼠建議狐狸查查動物百科全書。

母雞為不識字的狐狸讀書，讀著讀著，友情逐漸發酵，最後狐狸和母雞達成默契，談成協議，狐狸為母雞挖通道讓牠自由進出農場，而母雞將持續為狐狸讀書、教牠識字，故事結束在狐狸和農場雞群一起在星空下閱讀的溫馨畫面。眼尖的學生還發現，這時母雞和狐狸共讀的書，就是這本《狐狸愛上圖書館》呢！

閱讀三部曲——提問為寫作鋪陳

故事中，小老鼠不斷點出圖書館的特質，並且教導狐狸怎麼使用圖書館。因此，若學生能讀懂故事，便不難從中找出圖書館的使用規則，藉此發展說明文寫作。

常言「發表是寫作的利器」，我更有大野心，想讓學生的寫作有「大發表」。我事先勘查學校圖書館，館內沒有「進圖書館須知」的說明告示，服務臺前的櫃子上，張貼的是一張已顯破舊的世界地圖，徵得負責業務兼閱讀推動老師的同意，我打算更換貼上一張學生書寫的「圖書館使用規則」大海報。

閱讀趣味在前炒熱氣氛，閱讀理解在後引導討論。這本繪本趣味性十足，經由淺顯文字與生動圖畫，學生能領略故事傳遞的輕鬆與逗趣，至於閱讀理解便需要老師的帶領討論。我老話一句開門見山的問：「『故事只是包裝，作者有話要說。』作者想告訴我們什麼？」

全班幾乎異口同聲的說：「叫我們要多讀書。」我想這是孩子們被制約了，小孩總以為大人只會要他們多讀書，雖然沒錯，但故事中還有其他重點。

「故事中有線索支持你的觀點嗎？」我問。

「有啊！小老鼠說圖書館裡有很多書。」

「小老鼠還說書不可以有咬過的痕跡。」

「還有說要先辦一張借書證。」

「也有說一次不能借太多本。」

「小老鼠說圖書館裡有百科全書和有聲書……」學生發表踴躍，但需要梳理脈絡。

「呼應大家剛剛提出的『叫我們要多讀書』這個說法，故事裡最有說服力、最能正中紅心的是哪句話？」我問。

「讀書會讓你有好點子。」在帶讀繪本時，這句話我加重了語氣，學生也能抓到重點。

我繼續敲邊鼓，想讓他們在故事中找出證據，證明「讀書會讓你有好點子」。

「故事中誰因為讀書而產生好點子？」我問。

「小老鼠啊！牠知道要給狐狸一本書，讓狐狸產生好點子，狐狸就不會想吃牠了。」

「狐狸也有好點子啊！狐狸看了小老鼠給牠的書，牠知道雞才是牠的大餐。」不錯呢！學生能抓住重要事例佐證。

「『讀書會讓你有好點子。』這句話說得真好。小老鼠一定常在圖書館讀書，才會有好點子救自己。小老鼠讀了什麼書？圖書館裡又有哪些書？」我問，也讓學生進行討論。

討論後，學生發表：「小老鼠在看變魔術的書，所以沒空為狐狸讀書。」、「故事中提到的書籍種類有：變魔術的書、有聲書、百科全書、寵物大全、食譜、故事書。母雞的主人借了一本《一百道雞肉料理食譜》，母雞才會嚇到發抖。」

接下來，我便讓學生聚焦在「小老鼠不斷揭示圖書館使用規則」的部分。

「小老鼠和狐狸的對話中，介紹了圖書館，也提到圖書館裡有五花八門的各類書籍。但是，狐狸從沒進過圖書館，不知道該怎麼做，小老鼠是怎麼說的？」我問。

「小老鼠說書不可以有咬過的痕跡。」、「牠說要先辦一張借書證。」、「狐狸問這是什麼地方？小老鼠說這裡不是打獵的地方，不可以大聲吵鬧。」、「這裡的東西只能用借的……」學生七嘴八舌的說著。

「所以，故事中小老鼠在教狐狸怎麼使用圖書館，對不對？」學生點頭表示同意。隨後，我引導到聚焦寫作的部分。

閱讀終曲——發展條列式說明文寫作

「小老鼠和狐狸在圖書館裡的互動對話，讓我們知道了圖書館的功能，也知道要多讀書產生好點子，現在我們要縮小討論範圍，請問故事中揭示了哪些圖書館的使用規則？」我聚焦寫作主題，並告訴小朋友可以用條列式1、2、3……的方式記錄內容。

學生以小組討論方式，在海報紙上寫下於書中獲得的知識訊息「圖書館使用規則」。

—圖書館使用規則—

1 不可以大聲吵鬧。
2 這裡的東西只能用借的。
3 歸還時，東西不可以有咬過的痕跡。
4 要先辦一張借書證。
5 一次不能借超過十本。
6 時間到了一定要拿回來還。

小朋友清清楚楚的梳理出書中線索，我們透過全班討論，再轉換成適用於校內使用的圖書館使用規則。

「不可以大聲吵鬧，就是在圖書館裡要安靜。」

「這裡的東西只能用借的，就是說只能借書，不能變成自己的。」

「東西不可以有咬過的痕跡，就是告訴我們要愛惜書，不要弄髒或弄壞、弄破、弄溼。歸還的時候，書要好好的。」

「要先辦一張借書證，就是要用借書證才能借書和還書。」

「一次不能借超過十本，就是告訴我們有規定借幾本書，我們學校一次最多借兩本。」

「時間到了一定要拿回來還，就是借的時間也有限制，我們學校的規定是兩週。」

二年級小朋友上圖書館的經驗很多，把書中訊息轉換成實際經驗流暢通順，並無困難。

至此，我做個課程收網。第一步處理預測與提問，目的在讓學生做閱讀理解監控，覺察自己的閱讀歷程。

學生原本的預測是：「故事應該是說狐狸在圖書館裡發生的事」、「在說狐狸和小老鼠在圖書館看書的事」、「狐狸以前不喜歡去圖書館，後來被老鼠鼓勵，牠就喜歡去圖書館了」。學生的預測「完全正確」，顯見他們能抓取封面圖畫和故事名稱精準的線索。

最初學生的提問是：「狐狸和老鼠在說些什麼話？」、「狐狸和老鼠是好朋友嗎？」、「狐狸會不會吃掉老鼠？」、「狐狸和老鼠在圖書館裡做什麼事？看什麼書？」、「這個圖書館是怎樣的圖書館？」

而提問也獲得解答，學生知道狐狸沒有吃掉小老鼠，牠們變成了好朋友，小老鼠在圖書館裡跟狐狸介紹圖書館，牠們說的話就是在認識圖書館，這是一座有很多種類的書、會讓人產生好點子的圖書館。

接著，我提出說明文寫作模式。「剛才大家在海報上用條列的方式逐條寫出圖書館的使用規則，這就是說明文。說明文清楚呈現事物特徵，文字非常理性、不囉嗦，也不會帶有個人的感情。」

最後，我說要徵求一個工作小組，將全班討論出的「附小圖書館使用規則」，用彩色筆寫在大海報紙上，張貼在校內圖書館櫃臺前，讓進出使用圖書館的人，都可以清楚看到學校圖書館的使用規則。小朋友覺得這太不可思議了，竟然可以把寫作作品貼在圖書館，認為這是一件「很榮耀」的事。

這個工作小組由小慕擔任組長，全班一致推選她，因為她的硬筆字寫得最工整漂亮。其他人也共襄盛舉，紛紛貢獻心力。遞筆的、提醒標點符號的、幫忙唸語句的、建議換行就要換顏色的、毛遂自薦幫忙寫幾個字的、自告奮勇要拿去圖書館張貼的、建議加點小花邊的，全班都很有參與感。於是，一張圖書館使用說明文海報完成了。

—附小圖書館使用規則—

二年一班製作

1 圖書館裡要保持安靜，不可以大聲吵鬧。

2 想借書要先辦一張借書證。

3 一次可以借兩本書，一本書可以借兩週。

4 要在規定的期限內還書。

5 要愛惜書，不可以破壞書。

一張大海報取代了舊地圖在圖書館亮相，小朋友對於這麼正式、這麼大型、這麼公眾的發表很有成就感。雖然在課程綱要中，低年級並無認識說明文、習寫說明文的學習重點，但透過合適的繪本進行共讀與適切引導，低年級習寫說明文也能水到渠成。閱讀，帶來神奇力量；讀寫，無縫接軌，創造發表舞臺。

以繪本搭橋，發展3W說明文

低年級都可以寫說明文了，中、高年級自是不遑多讓，也要重視習寫說明文這件事。而繪本一樣可以在中、高年級產生「小而美」的閱讀效果，並發展目的性寫作。

中、高年級語文課中所認識的說明文，可分成兩種類型，一種是「總說－分說－總說」；另一種則是「3W：『what，是什麼』；『how，如何做』；『why，為什麼』」。

這一本《狐狸愛上圖書館》正適合用來發展「3W」形式的說明文寫作。開頭闡述主體事物「what，是什麼」，至於「how，如何做」以及「why，為什麼」這兩項順序可以調整，沒有影響。以下是3W說明文的兩種寫作體例：

what：圖書館是什麼？
why：為什麼要利用圖書館？
how：如何利用圖書館？

what：圖書館是什麼？
how：如何利用圖書館？
why：為什麼要利用圖書館？

我帶高年級學生閱讀這本繪本時，便先說明「3W」形式的說明文，請學生閱讀故事時，特別注意書中老鼠與狐狸的對話所呈現的訊息，閱讀後要練習縮寫。

縮寫便是在長篇文章尋找重點，提煉精華，寫成一篇字數較少的摘要，這可以訓練學生理解、統整和分析的能力。

班級人數眾多，我們仍以單槍投影機播放繪本投影片全班共讀，接著以小組合作學習模式，進行小組討論。

我發給每個小組一本繪本實體書，讓學生可以自由翻閱，並且不斷在文本中找尋線索。最後，學生習寫主題為「介紹圖書館」的說明文。

說明文寫作──**介紹圖書館**──第一組

什麼是圖書館？圖書館是有很多書可以借來讀的地方，在裡面要保持安靜。圖書館裡有各式各樣的書，例如，圖畫書、工具書、有聲書、百科全書、寵物大全、食譜和故事書。

為什麼要利用圖書館？因為讀書可以讓你看到和學到很多東西，讀書可以讓你想到好點子。

要如何利用圖書館呢？第一，要先辦借書證；第二，要愛惜書本；第三，遵守借書本數和還書期限的規定。

說明文寫作──**介紹圖書館**──第二組

圖書館就是有很多書可以借來讀的地方。例如，故事書、圖畫書、百科全書、食譜，圖書館裡也有有聲書。

要利用圖書館的資源，首先要辦一張借書證。接著，要按照圖書館規定的數量借書。還有，要愛惜書，不可以破壞書。此外，更要注意在期限內還書。

讀書，可以看到很多東西；讀書，可以學到很多東西；讀書，可以讓你有好點子。這就是為什麼我們要多利用圖書館的理由。

學生以說明文寫作，表現充分閱讀理解。閱讀是活的，寫作也是活的，學生有各自寫作的脈絡與呈現方式，都值得欣賞。

繪本搭建了橋梁，開發學生寫作潛能，說明文解鎖，師生再次一起打造魅力課堂。

這樣帶孩子讀寫──《狐狸愛上圖書館》

共讀繪本推薦

- 《狐狸愛上圖書館》（小天下）

《狐狸愛上圖書館》
簡介

延伸閱讀討論及讀後活動

- 故事討論，聚焦在認識圖書館功能及使用規則。
- 揭示說明文寫作類型（擇一）：

1 習寫「圖書館使用規則」說明文（條列式）。

2 習寫「介紹圖書館」說明文（3W）。

5 以繪本做提問訓練，把閱讀素養變動詞

主題繪本——■《香蕉從哪裡來？》（小天下）

「一隻螞蟻在洞口，找到一粒豆，用盡力氣搬不動，只是連搖頭。左思右想好一會，想出好計謀，回去洞裡喚朋友，合力抬豆走。」這是一首耳熟能詳的兒歌〈螞蟻搬豆〉，用來對應校園裡的閱讀活動倒有幾分雷同。

校園裡的閱讀活動常辦得熱熱鬧鬧，但若只強調閱讀的「量」，沒有提升閱讀的「質」，這多屬於「螞蟻搬糧」的學習類型，意指閱讀時將書本內容照單全收，不思考而強調記憶，這是被動式的學習。孔子說「學而不思則罔」也是這個意思，只學習而不思考容易迷惘困惑。

優質的學習類型則可向蜘蛛和蜜蜂取經。蜘蛛式的學習類型指的是將閱讀材料經過系統化網絡的過篩，擷取有用的訊息，如同蜘蛛架網捕捉獵物一般，這是主動學習。

蜜蜂採蜜，最終釀成甜美的蜂蜜，讓原本採的蜜更具價值。蜜蜂式的學習類型，就是指閱讀時能擷取有用的資訊，再經過消化吸收，變成有價值的產出，這是創造性的學習類型。

學生的學習需要師長引導，理想模式是從「螞蟻式」過渡到「蜘蛛式」，再提升到「蜜蜂式」的學習型態。為孩子搭建學習鷹架攀升理解層次，這是師長的責任。

深化繪本閱讀，提問是關鍵

平時，我在語文課中很重視訓練學生的提問能力，繪本閱讀也可以比照辦理，低年級就可以結合閱讀力與提問力，譜出二重奏。

臺灣有香蕉王國美稱，香蕉是常見、常吃的水果，以閱讀銜接生活經驗就是素養的學習與實踐。來讀《香蕉從哪裡來？》，讓小繪本起大作用。

閱讀前，我們先進行小組討論，寫出生活中常食用的水果有哪些，交叉比對各組所列，前三名得主是「蘋果、香蕉和芭樂」。

問小朋友是否看過蘋果樹，多數人說沒有，只有少數人在武陵農場、福壽山農場或梨山看過。再問是否看過芭樂樹，全班只有兩位學生看過。現代小孩真的太少接觸大自然了，回想我小時候，田埂邊就常有野生紅心芭樂樹呢！小小的芭樂鳥兒愛吃，我們也覬覦著。學生無法體會「老師的小時候」，只是發出「蛤……」，他們以為芭樂只會出現在水果攤。

最後問是否看過香蕉樹，這下全數舉手了。校園操場邊就有兩棵香蕉樹，前一個學期的校外教學去了北埔綠世界生態農場，在那裡也看到許多香蕉樹，小朋友看到深紫色苞片，還驚呼以為那是「好大的香蕉花」。

大家都看過香蕉樹，也常吃香蕉，可見香蕉是平民化、生活化的水果，這次我們就來討論香蕉、認識香蕉、閱讀香蕉。

先說說你認識的香蕉

想擁有成功人生，從不急著吃棉花糖開始，同理，要促進閱讀理解，我從不急著讓學生馬上讀繪本。此時，我們再次進行小組討論，請小朋友在海報紙上寫下對香蕉的認識，這個活動的目的，在檢驗學生的先備知識。

討論書寫——**對香蕉的認識**——第一組

1 小樹的葉子粗粗的，大樹的葉子滑滑的。
2 一排香蕉有十根。
3 香蕉小時候是綠色的。
4 香蕉是猴子最愛的水果。
5 香蕉長在樹上。
6 香蕉的形狀很像月亮。
7 香蕉的種子很小顆。

第一組寫出了香蕉有種子，而且寫出一排香蕉有十根，數量真是具體啊！他們還提到香蕉「小時候」是綠色的，把香蕉擬人化了，好可愛！

討論書寫—**對香蕉的認識**—第二組

1 香蕉長在熱帶雨林裡。
2 香蕉在樹上是一串一串的，香蕉不是長在地上的。
3 香蕉葉很大×2（老師按：表示很大很大）。
4 香蕉不會自己掉下來（老師按：表示是人砍的）。
5 香蕉是熱帶地區才有的，寒帶地區沒有。
6 香蕉的花比桌子還大。
7 香蕉沒成熟時不好吃。

第二組指出香蕉不會自己掉下來，表示是人去採收砍下，不會自己掉在地上；×2，是表示香蕉葉很大很大；但學生無法解釋香蕉花比桌子大是什麼意思，只說香蕉花很大。

討論書寫──**對香蕉的認識**──第三組

1 香蕉沒成熟時是綠色的。

2 香蕉愈多斑點愈健康。

3 香蕉長在樹上。

4 香蕉是夏天的水果。

5 香蕉成熟後是黃色。

我問第三組怎麼知道香蕉愈多斑點愈健康，小朋友說是阿公說的。

討論書寫──**對香蕉的認識**──第四組

1 香蕉長在樹上。

2 香蕉拔了一串就長不出來。

3 香蕉有ㄋㄥˋㄋㄥˋ的果肉。

4 香蕉還是綠色時表示還沒成熟。

第四組畫了可愛的香蕉樹，學生無法解釋「香蕉拔了一串就長不出來」是什麼意思，但他們堅持「香蕉拔了一串就長不出來了」。第三點嫩嫩的注音還寫錯，寫成ㄋ丶ㄙㄋ丶ㄙ，真是可愛。

討論書寫——**對香蕉的認識**——第五組

1 香蕉是種在樹上而不是土裡。
2 香蕉皮上面的黑點不是壞掉，是糖點。
3 香蕉要黃才能吃。
4 香蕉一次會長出很多串。
5 香蕉成熟的時候是黃色，還沒成熟時是綠色。

第五組寫的「香蕉要黃才能吃」這句好有意思，表示香蕉皮變成黃色才是成熟、才能食用，「糖點」的概念也是阿公說的。

綜合來看，小朋友對香蕉的概念是能描述其外形，知道香蕉生長在熱帶，結果在樹上，成熟前後的顏色會變化，以及要成熟才能食用等。藉由寫下的對香蕉的認識，可以知道二年級學生對香蕉已有不少了解。

眼見為憑——觀察香蕉樹

接下來，我們到操場邊去看香蕉樹，請小朋友用感官感受，並做觀察記錄，用眼睛仔細瞧、用雙手觸摸、用嘴巴說話分享所得所感、用耳朵聆聽他人的討論表達。

平日視而不見的香蕉樹讓大夥兒產生興趣，湊上前去東摸西瞧，掉在地上的香蕉葉也拉扯看看，許多人說這是第一次近距離的看一棵香蕉樹。小朋友七嘴八舌的說著，一邊動筆寫著，帶出教室外的學習更新鮮有感。

香蕉香蕉，我多認識了你一些

從操場回到教室後，再次進行小組討論，要寫下剛才觀察香蕉的所得發現。我讓小朋友接續寫在先前「對香蕉的認識」的海報紙下方，這樣可以對照出觀察前的舊經驗與觀察後的新發現。

雖然大家對香蕉樹沒有結出香蕉串感到遺憾，但透過觀察，小朋友對香蕉有更進一步的認識。綜合各組討論，大家有以下的發現。

討論書寫—**對香蕉的新發現**—

1 香蕉樹有汁（老師按：是指香蕉樹幹會有汁液分泌）。
2 香蕉樹的皮滑滑的。
3 香蕉樹會脫皮（老師按：是指香蕉樹的枝葉掉落在地上）。
4 香蕉會串在一起。
5 香蕉樹的葉子一條一條的（老師按：是指樹葉外形）。
6 香蕉樹有四公尺（老師按：真有趣，還目測出一個具體數字）。

7 香蕉樹的樹皮會脫落，脫落後樹幹會滑滑的。

8 香蕉樹的樹幹很光滑。

9 樹皮有汁液（透明的）。

10 香蕉樹的樹幹是綠色的，香蕉樹掉下來的皮是咖啡色的。

提問登場——香蕉香蕉，我想請問你……

學生已經對香蕉有感，接著就是提問了。提問與思考密切相關，提問可以提升思考的層次，也是讓學生檢核自己已經知道什麼、還不知道什麼，重視的是學生重整與伸展能力的培養。

我問：「一路討論觀察到現在，我們對香蕉有許多認識，應該也產生一些疑問，你有問題要問嗎？儘管問，問香蕉，來，『香蕉香蕉，我想請問你……』」

小朋友再一次進行小組討論，寫下對香蕉的提問。

討論書寫——**對香蕉的提問**——第一組

1 香蕉為什麼長在樹上？

2 吃香蕉為什麼要剝皮？

3 香蕉的種子長在哪裡？

4 香蕉為什麼長在熱帶地區？

5 哪個季節沒有香蕉？

討論書寫——**對香蕉的提問**——第二組

1 香蕉有多少種類？

2 為什麼猴子最愛吃香蕉？

3 為什麼香蕉葉子是大的而不是小的？

4 為什麼吃香蕉皮代表失戀？

討論書寫——**對香蕉的提問**——第三組

1 為什麼香蕉樹有汁？
2 為什麼香蕉皮會滑滑的？
3 香蕉皮為什麼有斑點？
4 香蕉的種子有多大？
5 把香蕉冰在冰箱會怎麼樣？

討論書寫——**對香蕉的提問**——第四組

1 香蕉為什麼不會生長在寒冷地區？
2 香蕉為什麼不能冰在冰箱？
3 為什麼香蕉樹的葉子是條狀的？
4 香蕉為什麼是彎的？
5 香蕉一斤多少錢？
6 為什麼現在的香蕉看不到種子？

討論書寫——**對香蕉的提問**——第五組

1 為什麼香蕉還沒成熟時是綠色的？
2 為什麼香蕉成熟時是黃色的？
3 為什麼香蕉皮不能吃？
4 為什麼熱帶地區適合種香蕉？
5 為什麼寒帶地區不適合種香蕉？
6 為什麼野生香蕉的籽比較大？
7 不是野生的香蕉有籽嗎？

琳琅滿目的問題寫滿海報紙，我欣見學生問出這麼多問題，能問問題表示會思考，有動腦，太好了。

共讀《香蕉從哪裡來？》，繪本出場來解惑

我稱讚小朋友們會提問，至於問題的解答就交給等會兒要看的繪本。當我拿出書本，亮出綠底上畫著數根大大黃色香蕉的繪本封面時，學生讀出書名「香蕉從哪裡來？」。

我鼓勵小朋友在我帶領閱讀故事的過程中，可以放聲思考，讀到哪裡有什麼想法或疑問，都可以隨時說出來，只要控制音量不干擾故事進行就可以。

打開單槍投影機，播放我事先掃描做好的繪本投影片，書本畫面出現在電子白板上。當班級人數眾多時，投影片共讀模式讓繪本閱讀清晰清楚。

故事主角由一名剝下香蕉皮準備大口吃下香蕉的小男孩擔綱，男孩問著：「香蕉冰過之後會比較好吃嗎？」他把香蕉放進冰箱。翻到下一頁，讀者和男孩一起看到過了一個星期變成褐黑色的香蕉特寫，男孩驚訝的問著：「怎麼會這樣？」

繪本一開始便連用兩個問句引起讀者的好奇與興趣，恰巧學生在提問時，也問了香蕉可否放冰箱的問題，此時被勾起想要一探究竟的慾望。

其後，繪本從香蕉生長的地方開始介紹，大大的香蕉葉在紅咚咚的陽光下朝氣蓬勃，同時特寫葉子和葉子中間長出一個鼓鼓的紫色大苞。

學生脫口：「香蕉花！」這看起來像花苞的紫色大苞其實是形狀特別的葉子，叫做「苞片」。學生很驚訝，七嘴八舌說著：「我以為那是花耶！」花非花，花乃苞片，此刻獲得正名，之前都是誤解。

接著，清晰的大圖畫出苞片裡面的白色花蕊，花的根部就是整齊排列上下交疊的綠色小香蕉，淺顯易懂的文字佐以特寫圖，小讀者看到香蕉果實長大後，慢慢的往上彎曲，文字說明了果皮和果肉間的白色細絲，是輸送養分的管道。

故事和畫面持續推進香蕉的物流歷程：在全身裹著綠衣時便要砍摘香蕉，用船運送到岸上倉庫，再由貨車載到賣場，最後來到一般家庭。

隨著繪本一頁頁讀下去，小朋友此起彼落說著：「喔……原來如此……」、「這樣喔！我還以為……」、「現在我知道了……」表現獲得新知識的喜悅。

故事接續，小男孩一口咬下香蕉時，文字解釋果肉上的點點是退化的香蕉籽，故事結束在男孩拿著牙籤在香蕉外皮畫上幾筆，靜待果皮劃傷之處變成褐黑色。這也是一個邀請，就像跟小讀者說：「跟著我一起試試看，對香蕉下手吧！」

收穫香蕉一籮筐

全班共讀完《香蕉從哪裡來？》之後，我讓各個小組取回先前張貼在教室前白板上的提問海報。

我要每個小組討論「閱讀繪本之後，問題是否得到解答」，用關鍵字或短語記錄討論所得。若是沒有得到解答的問題，可以用「×」做記號。

討論書寫——**對香蕉的提問．解答版**——第一組

1 香蕉為什麼長在樹上？　A：香蕉從小芽開始長，長很大就變成香蕉樹。
2 吃香蕉為什麼要剝皮？　A：本來就不吃皮，吃裡面的果肉。
3 香蕉的種子長在哪裡？　A：在果肉裡，但是退化了。
4 香蕉為什麼長在熱帶地區？　A：它喜歡陽光。
5 哪個季節沒有香蕉？　A：臺灣的冬天也有香蕉。

討論書寫——**對香蕉的提問．解答版**——第二組

1 香蕉有多少種類？ A：×。

2 為什麼猴子最愛吃香蕉？ A：×。

3 為什麼香蕉葉子是大的而不是小的？ A：香蕉樹很高，葉子很大。

4 為什麼吃香蕉皮代表失戀？ A：×。

討論書寫——**對香蕉的提問．解答版**——第三組

1 為什麼香蕉樹有汁？ A：×。

2 為什麼香蕉皮會滑滑的？ A：×。

3 香蕉皮為什麼有斑點？ A：變甜的記號。

4 香蕉的種子有多大？ A：退化了。

5 把香蕉冰在冰箱會怎麼樣？ A：皮變黑。

討論書寫──**對香蕉的提問．解答版**──第四組

1 香蕉為什麼不會生長在寒冷地區？ A：香蕉要種在熱帶。
2 香蕉為什麼不能冰在冰箱？ A：會變黑。
3 為什麼香蕉樹的葉子是條狀的？ A：本來就這樣。
4 香蕉為什麼是彎的？ A：長大會變彎。
5 香蕉一斤多少錢？ A：╳。
6 為什麼現在的香蕉看不到種子？ A：退化了。

討論書寫──**對香蕉的提問．解答版**──第五組

1 為什麼香蕉還沒成熟時是綠色的？ A：綠色表示還沒成熟。
2 為什麼香蕉成熟時是黃色的？ A：變黃才能吃。
3 為什麼香蕉皮不能吃？ A：又澀又硬不好吃。
4 為什麼熱帶地區適合種香蕉？ A：香蕉愛陽光。

5 為什麼寒帶地區不適合種香蕉？　A：香蕉愛陽光。
6 為什麼野生香蕉的籽比較大？　A：×。
7 不是野生的香蕉有籽嗎？　A：有。

小組討論後，海報再次貼回白板上，「問題」與「解答」以不同顏色的彩色筆書寫做出區分，這片海報牆表現了小朋友在閱讀後解決了大部分問題。小組代表上臺發表時，有許多充滿創意的「驚人之語」，學生用所理解及所想像的形容來描述自己獲得的新知識。

「香蕉要生長在熱帶地區，因為它喜歡陽光和雨水，它不喜歡生長在寒冷的地方，這就是香蕉的人生。」

「香蕉的花是白色的，一個花結一個果實，香蕉的屁股就是香蕉花的地方。香蕉屁股黑黑的就是花枯萎的痕跡。」

「當香蕉變成彎彎的表示成熟了，這是一種暗號。」

「香蕉的養分是從葉子製造再送到果實，白色的細絲是養分高速公路。」

「香蕉皮的黑色點點是一種記號，變甜的記號。」

畫「×」的地方表示還留下一些問題沒有解決，因為書中沒有提到相關內容，因此得不到解答。不過這沒關係，學生能持續帶著疑問，就會持續好奇，也許哪天讀到一本書或看到相關資料，尚未解決的問題就會叮咚的解鎖了。

當我將《香蕉從哪裡來？》繪本書放在教室前，不消說，這是小朋友下課揪團閱讀的夯書，七嘴八舌間，孩子們會自動安排輪讀順序，帶領學生深度閱讀是最好的「推銷術」。

跨領域學習，香蕉不只是香蕉

課程前，我事先與「藝術與人文」課的陳老師聯繫，說明我將以香蕉為主題進行教學，詢問是否能在美勞課帶入相關元素。

繪本閱讀後，陳老師在美勞課帶著小朋友以粉蠟筆和彩色筆為顏料，用四開圖畫紙進行香蕉想像畫。我隨堂觀察小朋友上課情形，感覺孩子們格外專注投入，臉上也洋溢著自信風采，像是要呈現出心目中最有感的香蕉模樣。

在海上隨浪拋起的香蕉船、扭腰擺臀的香蕉人、漁夫划著香蕉獨木舟、香蕉人遊樂園、豐富有料的香蕉聖代冰淇淋、把香蕉當滑板的小子、還有各種香蕉臉譜……等。四開圖畫紙上活潑熱鬧，且都表現出歡樂愉悅的氛圍。陳老師也讚嘆著小朋友的創意和投入，我想這是因為閱讀與知識汲取「飽足」，也就是透過繪本對閱讀與討論香蕉有深入的認識與理解，才能讓創作靈感應運而生。

讀過繪本的隔天，午餐水果就是香蕉，小朋友玩性大發，用簽字筆在香蕉皮上作畫，順著香蕉彎彎的形狀，有人畫了調皮臉譜，也有人畫鍬形蟲和獨角仙攀爬而上，小喆畫兩個臉譜叫「雙面蕉」，順勢帶動其他人在香蕉上畫時鐘指著零時零分三秒叫「三秒蕉」，這天大家畫得開心極了，捨不得剝皮吃香蕉。

最美味的說明文——香蕉蛋糕食譜

小邦家時常親子共做香蕉蛋糕，有幾次與我分享，滋味樸實香甜，我問小邦是否能請教爸媽配方分量，並把香蕉蛋糕的食譜寫下來。沒想到這孩子事後竟拿了有點皺的四分之三張粉彩紙，自己畫了表格加上條列說明，又寫又畫的把食譜寫了出來。我大吃一驚，這是精采的說明文哪！

我把這張有點皺的香蕉蛋糕食譜（見下頁，圖3）貼在班級公布欄，讓大家欣賞小邦的文采，進來教室找我聊天的黃老師一看到，如獲至寶的回家試做。黃老師在臉書發了文，不可思議竟然自己能做出蛋糕，她的文章標題叫做「第一次烤磅蛋糕就上手」。

動手實作——冰箱裡的香蕉實驗報告

這個課程我以推薦橋梁書《用點心學校5：香蕉不要皮》做為收場，書裡有失戀吃香蕉皮的有趣故事，小朋友熱烈借閱。

一週後，小佑拿了隨身碟問我是否可以上臺報告，原來他在家裡做了香蕉放冰箱的實驗，靈感來自於繪本的邀請「把香蕉冰在冰箱會怎麼樣？」

小佑做了簡報資料，投影片一張一張播放，他照稿唸出。投影片寫出詳細的實驗緣由和過程，在「香蕉課」之後，他請媽媽帶他去買香蕉，回家後，將香蕉放進冰箱，每天拍照，

材料	分量
奶油	1 條
糖	1 小匙
蛋	3 顆
中筋麵粉	150 克
全麥麵粉	150 克
蘇打粉	1 小匙
香蕉	4 根
牛奶	150 毫升
泡打粉	1 小匙
香草精	1 小匙
核桃	適量

做法

1 香蕉去皮放入袋中捏成泥。

2 奶油加熱成液狀。

3 將所有材料（香蕉泥、奶油、糖、蛋、麵粉、蘇打粉、牛奶、泡打粉、香草精、核桃）放入大盆攪拌均勻。

4 烤箱以 160 度預熱 10 分鐘。

5 攪拌好的麵糊倒入烤模，烤 50 分鐘就完成。

〈圖 3〉香蕉蛋糕食譜

連續七天做觀察記錄。香蕉從黃澄澄到出現些許黑斑，再到褐化後變黑加劇，第六、七天更是黑黑醜醜像爛掉一樣。小佑還和爸媽一起查資料，知道這是香蕉在冰箱中受到「寒害」造成的結果。

接著，小佑繼續報告第二個實驗，主題是預防寒害。他將三根香蕉放到冰箱中，第一根香蕉沒有包覆，第二根包錫箔紙，第三根包保鮮膜，再每天查看香蕉的情況。他發現沒有包覆的香蕉變黑的速度最快、也最嚴重，有包保鮮膜和錫箔紙的香蕉變黑的速度比較慢。他的結論是：「如果將香蕉包起來，就能避免寒害。」

最後，小佑看著最後一張投影片上的文字，唸出「報告完畢，謝謝大家。」然後一鞠躬，再俏皮的跳下講臺，大家報以熱烈掌聲。

二年級尚未開始上資訊課，小佑的簡報是在父母協助下完成，精美又詳盡。父母協助何妨，我可以想像親子共作討論的溫馨親暱畫面，小佑能有上臺的勇氣和實作精神，對自己是一大肯定，對同學也有激勵和仿效作用，這孩子平日有點懶散卻也鬼靈精怪，這日令人刮目相看。

小佑的香蕉實驗報告讓我感動，孩子們的香蕉創意畫作和小邦的香蕉蛋糕食譜也令我驚豔，我強烈感受深化課程帶來的正面效應擲地有聲。

翻開繪本馬上讀很容易，但大費周章的從提取舊經驗到觀察再到提問，其後才閱讀文本並連結其他課程，絲線彎彎繞繞都在織就網絡，希望帶領學生從「蜘蛛式」走向「蜜蜂式」的學習型態。

香蕉不再是那麼理所當然的常見水果，而是能開啟問題、帶來豐沛知識的閱讀文本。學生的香蕉想像畫、彩繪香蕉、香蕉蛋糕食譜說明文，以及冰箱裡的香蕉實驗報告，都是釀蜜的甜美成果，因為有高參與，所以學生有高展能和高創造性。深度閱讀繪本帶出起點，以後吃香蕉都更香甜了。

飲食是日常，香蕉繪本是引發好奇心的開始，圖畫的美感與文字的理性讓繪本閱讀功能更上一層樓。豆腐、鳳梨、蛤蜊、柿子也是餐桌常見的水果、食材，當這一系列知識性繪本出版，我大力推薦給學生閱讀。學生會以在香蕉知識繪本習得的經驗來閱讀，提升自我閱讀內涵，也能夠書寫「我所獲得的新知識」。而讀過《鳳梨從哪裡來？》，讓原本不吃鳳梨的孩子也願意淺嚐，表示學生將學習帶入生活，更加有感。

我們在繪本閱讀中發想探究，也在生活中體會操作，師生一同把「閱讀素養」變成動詞了！

這樣帶孩子讀——《香蕉從哪裡來？》

共讀繪本推薦

- 《香蕉從哪裡來？》（小天下）
- 《豆腐從哪裡來？》（小天下）
- 《鳳梨從哪裡來？》（小天下）
- 《蛤蜊從哪裡來？》（小天下）
- 《柿子從哪裡來？》（小天下）
- 《用點心學校 5：香蕉不要皮》（小天下）

延伸閱讀討論及讀後活動

- 閱讀前，寫下對香蕉的認識。

《香蕉從哪裡來？》、《豆腐從哪裡來？》、《鳳梨從哪裡來？》、《蛤蜊從哪裡來？》、《柿子從哪裡來？》、《用點心學校 5：香蕉不要皮》簡介

- 觀察香蕉樹，記錄所得。
- 提出對香蕉的疑問。
- 共讀繪本後，自我解答先前提出的疑問。
- 統整獲得的新知識。
- 畫出想像中的香蕉。
- 製作香蕉料理。
- 進行冷藏香蕉實驗。

6 跟著青蛙大軍提取科普知識

主題繪本

▪《999隻青蛙》（小天下）

翰林版的二年級上學期國語曾有一課〈變得不一樣了〉是一篇故事類的記敘文，內容講述小蝌蚪和大肚魚是好朋友，某天小蝌蚪邀請大肚魚來聽牠唱歌。

幾天後，大肚魚如期到了約定地點，牠左顧右盼沒看到蝌蚪，卻發現有隻青蛙在石頭上呱呱唱著。

這篇課文除了語文的聽、說、讀、寫目的，更暗藏著自然科學知識，也就是幼體蝌蚪長大後會變成青蛙。

課堂上討論「變態」

課文開始之初，我請小朋友就課文題目先判斷重要訊息，之後做預測與提問。

「這一課課文名稱是『變得不一樣了』，可以抓取哪個關鍵字或關鍵語詞呢？」我問。關鍵字詞就像橋梁一樣，可以銜接文章的主要概念。

「變！」小朋友異口同聲的說。

「『變』有什麼『變』？或可能是『什麼變』？」我再問。

學生說有「改變」、「變化」、「突變」，這時迸出了一句「變態！」儘管不是太大聲，這聲「變態」像一顆炸彈似的，劃破教室原本有序的發表與討論。

大家不可置信的看著出聲的人說：「欸！你講『髒話』！」

「髒話」就像潘朵拉的盒子，尤其對低年級小朋友來說，說髒話代表著災難的降臨，說髒話可是萬萬不能觸碰的校規法條啊！

但此時，就在國語課中，竟然有人這麼大膽的「說髒話」，有的小朋友一副被嚇壞的表情，有的人等著看老師要如何處理「說髒話」的同學。

我平靜的問：「『變態』是什麼意思？」

「就是罵人啊！」

「我姊姊很變態，有一次我在洗澡，她就開門想要上廁所，害我嚇一跳。」

「變態就是做很奇怪的動作。」

「隨便亂拿別人的東西也很變態。」

「男生跑到女生廁所就是變態，誰誰誰就曾經跑到女生廁所……」其實那是情急跑錯了啦！怎麼記同學的無心之過就比記九九乘法表牢固啊！

「變態就是人家要走過去，你還擋人家的路。」

可以這麼光明正大討論「變態」，小朋友七嘴八舌說個不停。原來小朋友把不舒服感受都歸類成變態，看來這個「變態」是值得好好上一課的。

先回到正課，藉由課文帶領之後，小朋友都知道，小蝌蚪不是沒有赴約，而是牠長大變成青蛙了。配合課文搭建自然科學知識鷹架，同時解決「變態」之惑，這次我們有請《999隻青蛙》跳進教室囉！

閱讀聚焦自然科學知識

《999隻青蛙》是我極喜歡的一套系列繪本，作者木村研清新趣味的文字，搭配繪者村上康成自然派畫風，繪本內容給人活潑明亮、很精神的感覺！讀著讀著會心生歡喜，更何況其中還蘊藏了科普知識。

我曾聽小朋友說爸爸媽媽常買故事書，卻很少買繪本，因為故事書比較厚，可以看很久，繪本比較薄，沒有「東西」可以學，這個「東西」指的是語文、數學、自然或歷史之類的常識知識。這個觀念誤會大了，其實繪本的「東西」很豐富。就讓九百九十九隻青蛙大軍一併解決各種疑難雜症吧！

這本書趣味性高，知識性也夠，但若沒有大人提點，小朋友看得多是領略趣味性，知識性反倒被忽略了。這一次，我們要一魚兩吃，同時解鎖「有效」與「有笑」！

打開單槍投影機，準備播放繪本投影片共讀前，我先下指令：「今天我們要欣賞的繪本是《999隻青蛙》，有任務，請注意書中揭示了哪些自然科學知識！」故事開展前就拋出任務，小朋友閱讀時會比較警覺，也會速速進到「目的性閱讀」的專注。

學生對未曾讀過的繪本會充滿新鮮感，難免急於知道故事的情節發展，若要兼顧老師拋出的任務，也許不能一心二用。這時，老師可以安排「二次閱讀」，第一次單純的欣賞故事，滿足一探情節究竟的好奇心；第二次閱讀時便可以指派任務，讓小朋友在此時達成預設的閱讀目標。

我試著在孩子們首次閱讀時便指派任務，並在歷程中觀察學生閱讀理解的表現程度。

共讀《999隻青蛙》，美妙有趣

書本首頁是整齊的秧苗畫面，揭示了故事場景在剛插秧的田裡。

「春天來了，青蛙媽媽在田裡產下了九百九十九顆卵。」

好俐落的開場，短短兩句話便把「人、事、時、地、物」表達得清清楚楚。可愛的畫風明亮溫暖，小朋友的眼神瞬間被吸引。

故事接續描寫當田裡的水變得暖和時，青蛙媽媽產下的卵孵化出許多蝌蚪。

「咦？怎麼有一顆卵還一直保持原來的樣子……」

這聲「咦」讓小朋友注意到，畫面上數不清的長出尾巴的小蝌蚪中，有一個維持原樣的卵泡藏身其中。

帶小朋友讀繪本故事，我一向不提點圖畫的「亮點」或「線索」，這是要留給小朋友自己去觀察的，大人千萬不要「熱心過頭」，指著圖上那唯一薄膜透明狀的圓點說：「有沒有看到，就是這裡，這還是一顆卵。」這樣太殘忍了，剝奪小朋友自己發現的樂趣，我們也就聽不到孩子像發現新大陸的驚呼：「看到了、看到了！在那裡、在那裡！大哥在那裡！大哥沒有尾巴！」

原來這顆 big size 的卵泡是大哥，青蛙媽媽睜大了眼睛盯著卵瞧著，叨叨絮絮唸著這是怎麼一回事，再把耳朵貼近卵仔細聽，卻聽到「呼——呵——咻——」的鼾聲，青蛙大哥持續貪睡著。

我小小聲的拉長「呼——呵——咻——」，逗樂了小讀者。

一個月後，大哥照樣在打呼睡覺，雖然個頭變大了，卻還是保持著卵的樣子。而此時，弟弟們的後腳都已經長出來了。弟弟們納悶著大哥到底要睡到什麼時候？

畫面中，綠色小蝌蚪們有著大大的頭，長出了左右對稱的後腳，雙眼圓溜溜骨碌碌的模樣甚是可愛。

接著，故事推進到弟弟們的前腳也已經長出來了，大哥照樣打呼貪睡，再也無法忍受的青蛙媽媽生氣了，喊了一聲：「現在就給我起來！」

畫面上個頭大又愛睡覺的大哥變成了蝌蚪，弟弟們的身形維持著尾巴，再加上前腳，團團圍著碩大的大哥讚嘆著。我霸氣的表現青蛙媽媽的口氣，加上書頁中大哥的憨直模樣，小朋友笑得前俯後仰。

故事轉折，步步驚心

某天，有條最喜歡吃蝌蚪和青蛙的蛇爬進田裡。

一隻吐著蛇信的蛇從畫面右側出現在長著高高水草的水田裡，那賊頭賊腦的模樣，暗示著故事將進入轉折之處。

單純天真的九百九十九隻兄弟開心的玩起捉迷藏。蝌蚪大哥當鬼，已經變成青蛙的弟弟們全都跑去躲起來。

畫面上，水草遮不住大哥的龐大身軀，牠露出半截身體在外面，弟弟們則是褪去尾巴，完完全全成了青蛙的模樣。

蝌蚪大哥和青蛙弟弟們互喊著：「躲好了沒？」、「好了。」、「在哪裡？在哪裡？我要去找你們了！」小朋友開心的說：「躲貓貓也是這樣玩的。」

「青蛙的顏色和草的顏色很像，所以大家都很會躲。」圖畫呼應文字，表現了青蛙的顏色特徵。

畫面上有些小青蛙跳出水面，躲在水草裡；有些小青蛙躲在水中冒出半顆頭，蝌蚪大哥吐著水泡來找躲藏的弟弟們了。

蝌蚪大哥認真的找著，一會兒這邊，一會兒那邊。此時，水草突然發出聲音。蝌蚪大哥以為水草的沙沙聲響是弟弟們躲藏之處，畫面上水草之中隱約露出一截蛇尾巴，渾然不知情的大哥笑嘻嘻的游過去了。讀到這裡，我瞧見有些小朋友坐直了身子，兩、三個小女生則是把雙手提到眼前，似乎準備在血腥畫面上演時遮住眼睛，這是看恐怖片的預備動作。

接下來，便是一場蛇追蝌蚪大哥的緊張情節，畫面竄出一條張大了嘴的凶蛇惡煞，蝌蚪大哥驚慌失措竄逃，青蛙弟弟們群策群力拉住蛇尾巴想營救大哥。小朋友也入戲甚深的大喊：「大哥小心！」、「大哥快跑！」

接著，蛇「啪噹」的大甩尾，死命攢緊拔河繩、緊緊抓住蛇尾巴的青蛙弟弟們全都被甩了出去。騰空的青蛙們橫七豎八，小朋友不可遏抑的笑了出來：「哇，劈腿蛙！」、「哇，四腳朝天蛙！」可見得孩子們在緊張情節中，還是很被趣味性吸引呢！

就在蝌蚪大哥氣力耗盡、將要變成蛇的嘴邊肉時，畫面也悄悄透露了訊息。蛇在我追你跑、你鑽我繞的過程中，竟慢慢把自己打了個結。就在一步之遙便能咬住蝌蚪大哥時，蛇結愈發牢緊，蛇喘不過氣，痛苦的哀號著，蝌蚪大哥死裡逃生啦！

弟弟們高喊：「萬歲！」蝌蚪大哥像英雄似的被高高拋起，接受歡呼。

故事結束在青蛙兄弟們開心的呱呱呱又嘓嘓嘓的唱著，大哥終於也變成青蛙了。畫面中高人一等、大了一號的青蛙大哥就算躲在弟弟群中，照樣是最受注目的焦點，小朋友有始有終的指著喊著：「看到了、看到了！在那裡、在那裡！大哥在那裡！」

自然科學知識挖挖挖

就在小朋友意猶未盡之時，我狠心關閉投影機。「來！小組討論，從故事中你獲得哪些自然科學知識？」我請學生以文本為主，聚焦文本，從文本中找線索。

小朋友迅速且自動切換成分組討論模式，吱吱喳喳討論後，在海報紙上寫下討論結果。海報紙上塗塗又畫畫，寫寫又擦擦，雖然有些髒汙，但都是珍貴的討論歷程。

討論書寫——**關於青蛙的知識**——第一組

1 蝌蚪會先長出後腳。
2 青蛙是卵體動物。
3 蛇會吃青蛙、蝌蚪。
4 青蛙會玩躲貓貓。
5 青蛙會生卵。
6 田裡有青蛙。

第一組的小朋友好可愛，寫青蛙會玩躲貓貓，大家說那是「擬人化」啦！我提出更正，青蛙是卵生動物，我們不說「卵體」，說「卵生」。

討論書寫——關於青蛙的知識——第二組

1 青蛙是卵生動物。
2 青蛙會生卵。
3 蛇會吃蝌蚪。
4 蝌蚪先長出後腳。
5 蝌蚪會變青蛙。
6 水蛇會進水吃蝌蚪。
7 蝌蚪和青蛙怕蛇。
8 田裡有蝌蚪和青蛙。
9 青蛙的叫聲是呱呱呱和嘓嘓嘓。

第二組的文字有意思，才二年級的他們對於用字遣詞尚不能精準，但很願意盡可能的表達。看看這句「水蛇會進水吃蝌蚪」，是指蛇會爬進水田覓食，蝌蚪是蛇的食物。小朋友寫出自己的理解，吐出口語化的可愛文句，讓人感覺孩子們都是天生的詩人呢！

討論書寫——**關於青蛙的知識**——第三組

1 青蛙會產卵。
2 蝌蚪會變青蛙。
3 蛇會吃青蛙和蝌蚪。
4 青蛙是卵生類。
5 蝌蚪先長後腳，才長前腳。
6 蝌蚪是墨綠色的。
7 青蛙是兩棲類。
8 蝌蚪是完全變態動物。

第三組寫到青蛙是兩棲類，我以為故事中並無揭示，我問：「故事中有說青蛙是兩棲類嗎？是不是你們之前在哪本書上看過或聽說過？」

小朋友振振有詞：「老師，故事裡就有啊！牠們在玩躲貓貓的時候，有些青蛙跳到水草上，都完全離開水了，表示青蛙是兩棲類。」好厲害啊！我沒注意到的線索孩子觀察到了。閱讀能注意細節，知道圖畫也是重要訊息，為師我又得意又驚喜。

討論書寫──**關於青蛙的知識**──第四組

1 蛇會吃青蛙。
2 蝌蚪可以變青蛙。
3 要同心協力。
4 青蛙會產卵。
5 青蛙是珍貴的動物，要好好愛惜。
6 蝌蚪是變態動物，長大後會變成青蛙。

討論書寫——**關於青蛙的知識**——第五組

1 原來蛇會吃青蛙和蝌蚪。
2 青蛙的顏色和水草的顏色很相似。
3 青蛙先長出後腳，再長出前腳。
4 原來蝌蚪游得很快。
5 青蛙是產卵的動物。
6 原來青蛙會怕蛇。
7 青蛙是在水裡產卵。
8 青蛙可以生下九百九十九顆卵。
9 原來蝌蚪會長很大。

第五組很有意思，句子開頭用了多次「原來……」，這個「原來」代表的是「以前我不知道，讀了這本書之後，喔！原來是這樣！」有頓悟的感覺，太神奇了。我總說孩子們有自己的思考和寫作模式，老師不用限制規定樣板，討論與產出依然花開燦爛。

我正想解釋第八項「青蛙可以生下九百九十九顆卵，其實不是說青蛙真的生下九百九十九顆卵……」，但話還沒說完，學生就搶著插話：「老師我們知道啦！古代以三、六、九代表多，九百九十九顆卵就是很多很多的意思啦！」

為師我再度大感驚喜，曾經說過的你們都記住啦！

從各組的討論與書寫，可見學生能掌握繪本透露的知識訊息，領略故事趣味，也抓取了科普知識。

而有兩組學生都提到「變態」，我們就來好好討論一下「變態」。

變態大辯論

我說：「有兩組都寫到『青蛙是變態動物』，變態是什麼？」

「變態就是蝌蚪變成青蛙，跟原本的樣子完全不一樣。」

「變態是變得不一樣了。」

小朋友紛紛發言。

「變態是指動物在發育過程中，形態產生巨大的變化，樣子完全改變了，像蝌蚪變青蛙，形態已經徹底大不同。」我說。

「就像毛毛蟲變蝴蝶也是變態。」小朋友知道這也是最典型的變態。

「變態是生物學的專有名詞，國語課時，大家說變態是髒話，它是嗎？」我問。

大部分的小朋友覺得是，有些人曾經被別人罵過「變態」，有些人也曾經用這個語詞來指責他人。再問小朋友「說」與「被說」變態，感覺如何？被說變態的人心生不悅，說人變態的也說不出所以然，但知道這代表不好的意思。

小朋友說：「神經病也是變態。」我解釋，「神經病」是對精神狀態生病的人不好的說法，醫學上稱為「身心症」。

「如果同學打擾到你，或做了什麼事情讓你感覺不舒服時，可以用變態來罵人嗎？說他人變態合適嗎？」我接著問。

小朋友搖搖頭，「因為他還是他，樣子沒有改變，並沒有變成小豬、小羊、小狗、小貓、小怪獸！沒有變態。」大家都笑了。

「變態不一定是髒話，但絕對不是一個令人感受愉快的語詞。」我說。

「那麼，如果別人打擾到你，或做了什麼事情讓你感覺不舒服時，不說『變態』的話，可以怎麼處理？」我問。

「就說你不要這樣，我不喜歡你這樣。」小朋友說。雖然說的沒錯，但不夠具體。

「對，表達感受之外，也要說明事實，說明你說的話、做的事造成我的困擾，這樣才是解決問題的方法。」我補充，小朋友也紛紛點頭。

青蛙不簡單，繪本不簡單

最後，我還要為繪本討個公道。

「有人說繪本學不到東西，你們同意這句話嗎？」我問。

「不同意，繪本可以學到很多東西，今天就學到很多自然科學知識。」沒錯，感受繪本趣味之外，繪本裡要告訴我們的祕密可不少呢！

我也補充，根據譯者說明，繪本中的青蛙應該是澤蛙。在臺灣的平地、稻田或溝渠常能見到牠們的蹤影。小朋友有機會可以注意一下，說不定會遇到青蛙大哥本尊。

我說大家對青蛙已經有基本認識了，接下來，可以看《青蛙不簡單》了。之前我放在教室的《青蛙不簡單》被上一個班級的學生翻爛了，我趕緊上網再買一本。於是，同時放在教室前面讓學生翻閱的書有《999隻青蛙》、《蝌蚪的諾言》以及《青蛙不簡單》。接下來的日子裡，常看到小朋友三三兩兩聚在一起共同翻閱一本書，一邊說著：「原來有的青蛙會爬樹……」、「原來青蛙喜歡吃蟑螂和蒼蠅……」。這個「原來」真是美妙動聽！

當小朋友知道《青蛙不簡單》這本書是作者李世榮花了好長時間，在無數的夜晚親自上陽明山去觀察青蛙拍攝記錄的，小朋友說：「哇，不簡單！」是啊！一本書的誕生不簡單，青蛙不簡單，繪本也不簡單，小朋友也好不簡單呢！

這樣帶孩子讀——《999隻青蛙》

共讀繪本推薦

- 《999隻青蛙》（小天下）
- 《999隻青蛙兄弟搬新家》（小天下）
- 《999隻青蛙兄弟，春天來了》（小天下）
- 《青蛙不簡單》（小天下）
- 《蝌蚪的諾言》（玉山社）

延伸閱讀討論及讀後活動

- 配合低年級國語課相關課文，引發青蛙話題。
- 閱讀前指定任務：「注意自然科學知識訊息」。

《999 隻青蛙》、
《999 隻青蛙兄弟搬新家》、
《999 隻青蛙兄弟，春天來了》、
《青蛙不簡單》
簡介

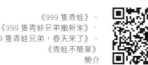

- 分組討論從書中獲取的科學知識。
- 小組將從書中獲取的科學知識做成紀錄並發表。
- 老師串聯統整相關科學知識。

7 品嚐小番茄，品味人物故事

主題繪本

▪《小番茄的滋味》（小天下）

鼓勵學生閱讀的文本類型中，名人傳記不可或缺。名人傳記往往從主角人物的童年說起，能夠和小學生的生活經驗產生交集，引發閱讀動機。名人傳記主角人物都有一段奮鬥的歷程，然後才成為成功者，這可以帶給孩子啟發，並且做為學習的榜樣。

國語課本中常常會有人物故事的課文，同樣也是希望藉由主角人物的故事，讓學生產生楷模學習的潛移默化效應。

以前四年級國語有一個單元是「人物寫真」，四課課文分別介紹馬偕博士對臺灣醫療與教育的奉獻；海倫．凱勒克服身心殘疾、創造生命的奇蹟；林書豪對籃球夢的追尋；以及攀登世界七大峰的江秀真展現的勇氣。這些主角人物的共通點是，遇到困難時不退縮，繼而創造生命的價值。

上到這一單元時，我請學生到圖書館找馬偕博士與海倫．凱勒的相關書籍來閱讀，這不難找，因為馬偕博士和海倫．凱勒的故事一直是小學語文教材的常客。而林書豪和江秀真的故事也曾被撰文成書出版過，例如《閃亮的籃球新星：林書豪》以及《勇氣，在山盡頭：全球七頂峰攀登紀實》。

不論是人物傳記或課文的人物故事，涵蓋古今中外的，大抵都強調「勇氣」、「智慧」或「博愛」等美德，學生可以透過書本閱讀認識這些人物，但美中不足的是，主角人物和學生日常生活的關聯性不強；若主角人物與讀者能產生緊密關聯，則人物閱讀更有感。

此外，課文裡的人物閱讀少有「浪子回頭金不換」的類型，〈周處除三害〉這故事最具代表性。不過周處的年代距今一千八百年，難免會有遙遠的距離感。

當《小番茄的滋味》繪本一出版，我強烈知道，人物閱讀捨它其誰。一來，番茄是大家常吃的水果，再者，雲林就在臺灣中南部，土親、人親、番茄甜，透過本書，我想讓學生知道「能人好手在民間，典範學習在身邊」。我要將番茄端進教室，種植玫瑰番茄的許清水先生的真人實事也要端上講臺，讓學生細細品味人物故事，驗證「知錯能改，尤為可貴」這句老生常談的真諦。

共讀《小番茄的滋味》，成就自我，回饋社會

《小番茄的滋味》一書的作者是劉清彥，繪者是鐘易真，故事主角人物是許清水。這本書的創作源起於劉清彥先生在電視上看到種植番茄的農民許清水先生的訪問影片，他想為孩子們寫出在臺灣這塊土地上帶來美好影響與盼望的故事，本土化、在地化的繪本故事於焉誕生。

這本書的封面、封底用了耀眼鮮豔的紅色，很呼應「番茄」這個書名主題，封面上是一名男子打赤腳坐在番茄園裡，後方有個小男孩，頭上頂著一箱小番茄，番茄園裡有紋白蝶飛舞，展現欣欣向榮的生命力。

我將繪本掃描成投影片，用單槍投影機播放，讓全班觀賞閱讀。閱讀前，照例先讓學生觀察封面圖畫與故事名稱，進行預測與提問。

「故事在說農夫種番茄的事，還有他們賣番茄的事。」

「故事在說小男孩吃番茄的故事，叫大家不要浪費食物。」

「故事在說番茄成長的過程。」

「他們吃的小番茄滋味有比較特別嗎？」

學生的預測與提問暫不處理，留在他們心裡任其發想，解答與回應在故事開展後便會自然浮現。

故事以小男孩的第一人稱口吻敘述，讓小讀者產生共鳴，內容述說叔叔（許清水）回到家鄉雲林，是因為在外頭賭錢鬼混不學好，爸爸讓他回來種田。叔叔過往表現荒誕，而他們居住的這個人口外流嚴重的靠海小村莊，土地貧瘠、鹽分過高，任誰都要懷疑叔叔對於種番茄這件事能否認真看待，又是否能成功。

叔叔真的痛改前非了，他研讀農業知識，向村民農夫請益，也接受大學教授的指導，用對土地友善的方式開闢了溫室番茄園。一次強颱來襲，叔叔拚命搶救溫室，守護他細心栽種的果苗。皇天不負苦心人，日後溫室終於掛滿一顆顆紅澄澄的閃亮寶石。叔叔無私的和村民分享栽種經驗，還到小學做公益回饋，縣長也贈予「玫瑰番茄」的美名，故事有了美好結局。

全班閱讀時，隨著一頁頁畫面，我們認識了許清水洗心革面，成就自我，也回饋社會的故事，閱讀這本書的滋味就像小番茄一樣，甜甜的。

小番茄的真實滋味

西方有句話說：「番茄紅了，醫師的臉就綠了。」這句話代表番茄營養價值高。臺灣農業技術先進，水果攤上的小番茄品種多元，是相當平民化的蔬果。營養午餐搭配的水果也常有小番茄，雖受限於成本無法供應嬌貴品種，不過學生還是吃得津津有味。

夏天時，我常將水果放置冰箱裡，下午上完體育課時，能吃上冰過的水果甚是透心涼，有時大家在教室裡邊閒聊或討論功課，再由值日生捧來一盆洗好冰過的番茄，酸也化成甜。為讓《小番茄的滋味》在閱讀後的討論更有滋味，當然要「書中自有小番茄」。這天，我在桌上擺了兩大盤番茄，學生看到番茄上桌，自是一陣歡呼，只要在學校分享食物，每個孩子都是「食力」大增。

不過，先別急著吃小番茄，讀過繪本後，我們還需要認識和這本書相關的幾位人物。我將作者、繪者的名字寫在白板上，說明作者創作的想法，再揭示書中主角這位叔叔的真名是「許清水」，學生便知道這是真實人物故事。

我理想中的課程，是希望能一邊吃著許清水先生種的玫瑰番茄，一邊帶學生閱讀繪本，邊吃邊讀一定很有意思。

我事先在網路上查詢並打了電話到雲林，電話那頭傳來帶有親切鄉土音的男聲，就是許清水先生本人。我表明身分及來電緣由，說明想帶學生閱讀許先生的人物繪本故事，因此想訂購玫瑰番茄。

阿水先生呵呵的笑著說抱歉，這時遇上果園休耕期，沒有番茄可以出貨。我不死心的追問是否有其他農產品可以訂購，青椒、四季豆都行，我們就是要嚐嚐阿水先生種植出來的滋味啊！阿水先生一再致歉，一點東西都沒有，果園全面休耕中。我夢想中的玫瑰番茄品嚐大會只能作罷，但透過話筒傳遞的，是阿水先生的親切感。

當我把這段與書中主角人物通電話的內容講給學生聽時，他們表示太不可思議了，竟然可以跟「故事人物」通電話！沒有什麼不可以啊，電話拿起來打就是了。

既然沒有玫瑰番茄，學生指著桌上問這兩大盤番茄哪來的？其中之一是學校當天營養午餐的配餐水果，品種是美濃橙蜜香，外形較圓，色澤黃中帶橘。另一種則是我在水果店買的玉女番茄，果實是橢圓形，色澤紅咚咚，襯著綠色小蒂頭更是嬌豔欲滴，甜度較高，售價也高，這要用來模擬玫瑰番茄的想像與替代。

雖然吃不到玫瑰番茄是小小遺憾，但無損閱讀價值。

學生對兩盤小番茄早已望穿秋水，大家同時吃了兩種番茄。無庸置疑，色、香、味是玉女番茄勝出，我要學生形容「小番茄的滋味」，做感官的具體描述。

「清爽、甜多酸少、皮薄、微甜汁多。」這是味覺。

至於外形的描述是玉女番茄比較小而尖，果皮有透明感。

雖然沒有吃到玫瑰番茄，但我們再次回顧繪本裡對玫瑰番茄的形容。「紅澄澄的小番茄，就像一顆顆紅寶石。」小男孩嚐著小番茄的滋味，他說「彷彿嚐到了全世界最甜美的滋味」。望玉女番茄止玫瑰番茄的渴，我們揣摩及想像著那樣的甜美。

從故事中建構思考地圖

這本書以許清水落魄返鄉做為開端，將他辛勤耕耘、翻轉自我與創造利他價值的過程，簡潔流暢的包裝在一個溫暖又勵志的故事中。許清水的成功不只是種出好吃的番茄，故事中尚有親情與達己達人的胸襟，這也是我想跟學生深入討論之處。

教學中，我常用「思考地圖」的圖像做為學生的學習工具。思考地圖是由美國教育專家大衛．海勒博士（David Hyerle）提出，圖像可以讓龐雜訊息簡化並結構化，其中的「因果圖」（Multi-Flow Map）適用於分析事件的因果關係。

我把因果圖的空白圖像（見下頁，圖4）畫在白板上，讓學生回顧故事所述，以「許

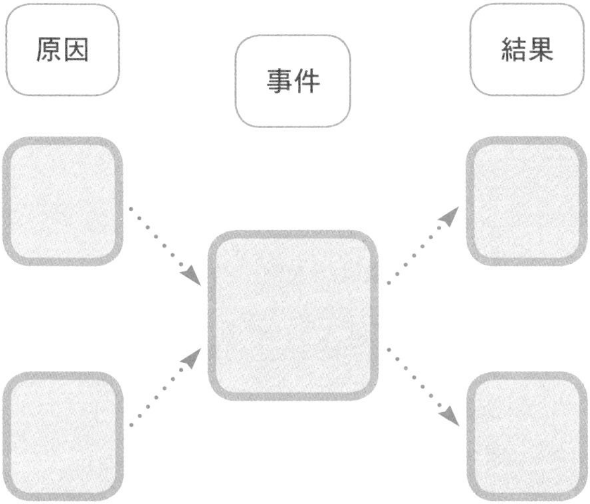

〈圖 4〉空白因果圖 (Multi-Flow Map)

清水種番茄」為焦點事件，回溯事件的原因與帶來的結果。學生進行小組討論，討論中，擷取到線索就上白板來寫，空格不夠自己增添，七嘴八舌下寫寫改改，我們完成了事件因果圖（見下頁，圖5）。

從共構的圖像中，我帶學生理解這本書的人物故事所表現的內涵。

當許清水北漂又一事無成時，家人沒有放棄他，返鄉後，他大徹大悟的改變自己，開始努力自學，也向別人學習，還考慮用友善的方式來耕種（珍愛土地）。遇到大颱風，更是拚了命的守護溫室（不向命運低頭），最後成功種出高品質番茄，證明自己是「可以的」。家人肯定他，鄰居村民重新看待他，他到學校當志工回饋社會，媒體的採訪讓更多人認識他，學習他改過自新和慷慨分享的氣度。

在這個故事中，我們感受到的是，人要面對失敗的過去再重新開始，需要很大的勇氣，但當你許願走向成功，苦心志、勞筋骨，加上親情的力量和人助自助，產生的強大能量足以力拔山兮氣蓋世。而成功來臨時，享受甜美果實之外，更要擴散力量，感恩家人，並且回饋鄰里、造福人群。

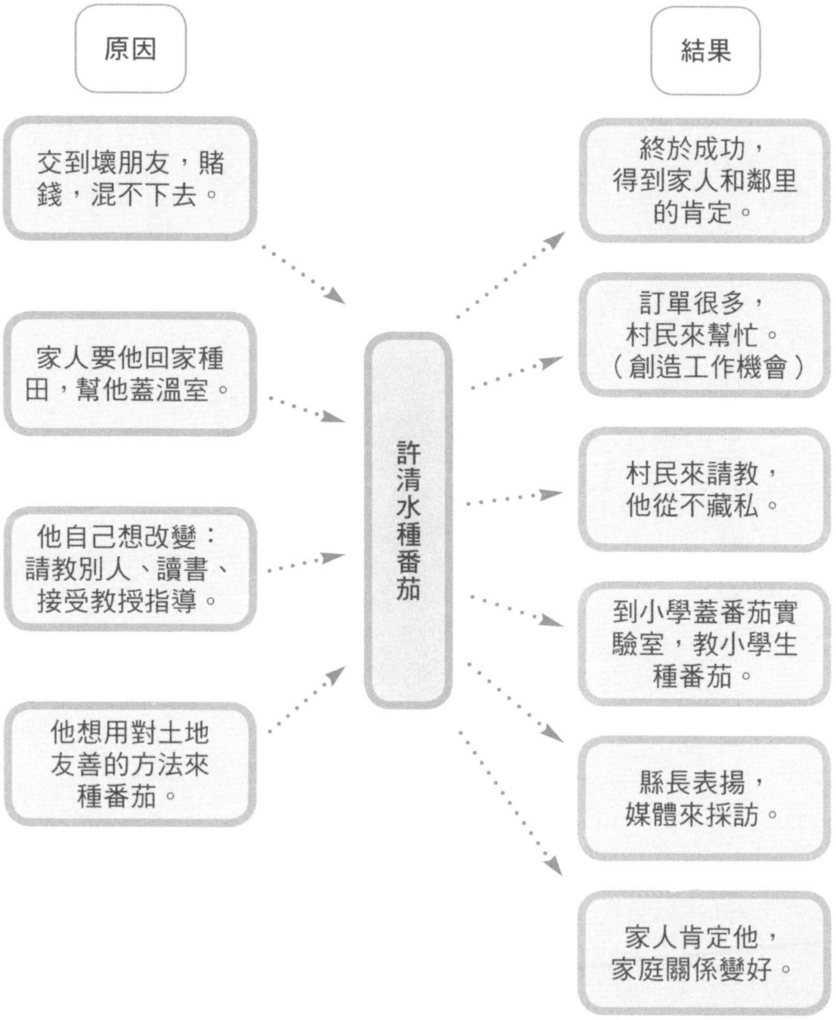

〈圖 5〉許清水種番茄事件因果圖

討論至此，再回頭檢視故事閱讀前的預測與提問，學生便知道了這個繪本故事是在講農夫種番茄、賣番茄的事沒錯，但不是在說番茄成長的過程，也不是在說小男孩吃番茄、呼籲大家不要浪費食物，而是人物耕耘的故事。學生的問題中提到：「他們吃的小番茄滋味有比較特別嗎？」當然有，汗水之下特別甜美。

學生知道了，書名「小番茄的滋味」，這「滋味」不只是品嚐番茄的味道，更有無形的珍貴價值在其中，那是勇氣、堅持、希望、理想、善良、分享。

以新聞報導延伸閱讀

繪本閱讀是起點，想讓學生更深入認識主角人物，於是我請學生提出問題，關於「小番茄與許清水」你想問什麼？

「這是雲林哪一個地方（鄉鎮）？」

「除了遇到颱風，種番茄還會遇到什麼困難嗎？」

「你除了種番茄，還有種其他東西嗎？」

「當農夫可以賺大錢嗎？」

「為什麼你要去小學教小朋友種番茄？可以來教我們嗎？」

我發給每組一臺學校提供的筆記型電腦，告訴孩子們網路上有許多採訪許清水的新聞報導，要他們以小組模式上網閱讀，用關鍵字「許清水、玫瑰番茄」搜尋，更深入了解主角人物，也為自己的提問解惑。接著，學生發表網路閱讀所獲。

「這是雲林縣的口湖鄉，許清水的果園距離大海只有一公里，土地真的很鹹、很不好種植，他是這裡第一個蓋溫室的農民。」

「一般番茄的甜度大概是七至八度，玫瑰番茄可以到十四度，很厲害。」

「專心當農夫也可以闖出一片天，驗證了行行出狀元。」

「水哥的番茄不外銷，要留給國人吃。」

「種番茄要細心照顧，尤其要預防病蟲害，但不能用有毒的物質灌溉農地。」

最後，我再讓學生就「成功」、「勇氣」與「努力」這些與本次人物閱讀相關的關鍵詞，在網路上搜尋名言佳句，選定及分享一個他們認為可以用來描述許清水的語句。

「成功是一把梯子，雙手插在口袋裡的人是爬不上去的。」

「如果你希望成功，當以恆心為良友，以經驗為參謀，以當心為兄弟，以希望為哨兵。」

「就算有九十九個困難，只要有一個堅強的意志就不困難。」

「當一個人一心一意做好事情的時候，最終必然會成功。」

「細節決定成敗，態度決定一切。」

學生把這些名言佳句寫在海報紙，貼在白板上，為繪本閱讀做了最佳詮釋。我希望閱讀《小番茄的滋味》為孩子帶來感動，日後吃著小番茄時，要能吃出一個真實在地的臺灣農民帶來的改變力量。

從閱讀到寫作，如果我是主角……

課程的最後以寫作收場。

這本繪本以小男孩視角寫叔叔的故事，在寫作安排上，我讓學生以第一人稱的口吻，揣摩自己就是故事主角許清水，寫出許清水想對小朋友說的話，在寫作的角色揣摩之中，表現學生的閱讀理解。

既然要以第一人稱口吻寫作，便要揣摩許清水的個性特質與口氣，學生說要「有鄉土味」、「有親和力」。於是，這個平衡閱讀歷程與結果的寫作躍然紙上，「許清水」說的話，就是學生的閱讀體會。

寫作練習——我是許清水，我想對小朋友說……——孟璇

我是許清水，人家叫我水哥，以前我都不學好，整天玩樂，後來因為家人的鼓勵和幫助才有今天。種植番茄的過程非常不簡單，像細心的照顧小孩一樣。在成功以後，我就把種番茄的祕訣告訴大家，因為分享很快樂。以後你們自己如果也有技術，可以像我一樣跟大家分享。

最後，我希望小朋友能像我一樣，努力把一件事做好，曾經做錯沒關係，浪子回頭也能做出一番事業。希望有吃我辛苦種的番茄的人，可以吃出我流下的汗水。

寫作練習——**我是許清水，我想對小朋友說……**——宥宇

小朋友，我曾經是個菸酒不離身又愛賭的人，因為家人的一句話，讓我捨棄了以前不好的生活方式，步入務農的工作。當時，大家並不看好我，加上這裡的土地很「鹹」，讓我覺得這項任務根本就是難上加難。可是我沒有放棄，我憑著過人的毅力，終於在這片土地栽種出很好吃的番茄，還得到縣長的讚美。

小朋友，我在此送給你們一句話：「只要你有心，就能把不可能變成可能。」

寫作練習——**我是許清水，我想對小朋友說……**——恩紹

我本來愛喝酒、抽菸，個性懶散，後來過不下去了，浪子回頭。如果有人給你機會去做有意義的事，你千萬不要拒絕，或許這個機會能讓你的人生有個大轉變也說不定喔！像我哥哥給我一個機會，幫我蓋溫室讓我種番茄，我把握了這個機會。我遇到很多挫折，但我不放棄，愈挫愈勇，皇天不負苦心人，我花了好多心思終於成功。小朋友，只要努力，抱持著希望，就一定可以改變。希望你吃到我種的番茄時，會想起這件事。

玫瑰番茄的滋味，迷人深刻

有一次，我在全聯福利中心的蔬果架上發現有販售「玫瑰番茄」，外盒上的貼紙綠底白字印著「水哥玫瑰番茄」。我如獲至寶，趕快取下結帳。回家洗淨後，細細欣賞及感受這小番茄的滋味，我嚐出學生所寫的甜美與汗水，玫瑰番茄如同閃亮的紅寶石，綻放著靜默的真情與美麗。

這樣帶孩子讀寫——《小番茄的滋味》

共讀繪本推薦

- 《小番茄的滋味》（小天下）

延伸閱讀討論及讀後活動

- 閱讀前，觀察封面圖畫與故事名稱，做預測與提問。
- 整理主題事件的原因與結果，深度理解故事內涵。
- 延伸閱讀相關新聞報導。
- 寫作練習：以「我是許清水，我想對小朋友說……」為題。
- 品嚐玫瑰番茄好滋味。

《小番茄的滋味》
簡介

＼ 附錄 ／

《小番茄的滋味》寫作學習單

班級：__________

座號：__________

姓名：__________

日期：__________

書名 《小番茄的滋味》（小天下）

作者 劉清彥

故事地圖

「百大黃金農夫」許清水在貧瘠的鹽地，孕育出甜美無比的「玫瑰番茄」；在最貧窮的村子裡，發現最珍貴的價值！

寫作練習

以第一人稱為寫作口氣，揣摩自己是許清水，寫出想對小朋友說的話。

我是許清水，我想對小朋友說：__________

下載學習單

\ PART 02 /

繪本與教養

合奏的
游魚出聽

1 讀報看「鮭魚之亂」

主題讀物

▪《國語日報》（國語日報）

二〇二一年繁花似錦的春季，社會熱門新聞之一是「鮭魚之亂」。有家連鎖壽司店為了吸引消費者上門，推出了行銷活動，只要消費者的名字與「鮭魚」有關便可享折扣，如果完全同音同字更可全桌免費。不料這個活動掀起一股改名熱潮，全臺有超過三百人為了享受免費餐點而改名。一時之間，鮭魚到處洄游，引起道德話題討論，甚至國際媒體也大幅報導此事。

商業活動五花八門的行銷手法，目的在於創造獲利，此乃商業本質無可厚非，但我們看到許多人沾沾自喜的晒臉書、傳IG，秀出改名鮭魚的新身分證，以及餐廳桌上高高堆起卻留下許多醋飯的盤碟，著實讓人有「世風日下、人心不古」的感嘆。

以鮭魚騷動話題，帶動兒童哲思

根據媒體報導，這一波改名者的年齡集中在二十至二十五歲的Z世代年輕族群，兩天活動吃掉了高達五百萬元的銷售金額，新聞議題的討論聲浪，更為商家帶來超值的廣告效益。更有甚者，有「鮭魚」動起商業腦筋，利用自己已改名的方便性呼朋引伴，收取同行者費用，帶團朝聖免費吃。

我個人對此事頗不以為然，此舉耗費社會成本之外，我尤其憂慮的是我的學生日後也將成為年輕人，成長過程受網路媒體影響更深，更難避免無奇不新的商業推銷策略，若缺乏之判斷力與自制力，只顧短淺利益的表現從眾行為，別說期望他們成為社會中堅，恐怕自我價值都將錯亂。

在社會一片沸沸揚揚討論之際，我想知道學生對此事的看法。我衷心期盼他們長大之後，不會短視近利，只為享用免費的一餐就去改名，或是只關心自媒體的按讚數與瀏覽數。但我並不想將自己的價值觀直接灌輸給學生，也不願意拿出權威擺態說教，那就透過閱讀的方式來傳遞力量吧！

兒童階段是訓練思維能力的黃金時期，兒童哲學是自發性思考與同理心培養的奠基，儘管孩子們只是二年級的小學生，日後也會面臨許多「選擇」與「行動」的考慮。這次，借力使力，讓時事與生活接軌，就用這個熱門話題促進兒童哲思，引導學生的好奇與對談吧！

新聞共讀——創造親子對話的機會

時事討論最好的素材是報紙，二年級下學期我進行讀報教學，平時小朋友有興趣的多是漫畫或語文天地的投稿文章，要讓他們主動關注或閱讀時事，還需更多指導與推進。

我選定《國語日報》二〇二一年三月三十日第二版綜合新聞〈鮭魚之亂——立委提改名要有冷靜期〉這則報導，文章影印給每人一張，小朋友貼在個人剪貼簿上。

這則新聞主要報導壽司店的優惠活動造成民眾改名熱潮，有立委提出質詢，認為國內改名太容易，希望相關單位思考改名是否要有「冷靜期」，行政院、內政部和板橋戶政事務所也都對此事有所回應。

我讓學生先瀏覽新聞內容，接著問大家是否知道改名鮭魚免費吃壽司的事，小朋友七嘴八舌：「有啊！很多人改名變成鮭魚，他們想要吃免費的壽司。」、「名字叫鮭魚好好笑喔！」、「免費的，怎麼那麼好！」、「我也想要吃壽司，可是我不想叫做鮭魚。」、「很多人身分證的名字變成陳鮭魚、林鮭魚、某某鮭魚。」

我問：「家人和你們討論過這件事嗎？」

小朋友說沒有特別討論，只是聽爸爸媽媽說改名這件事「很無聊」。

「今天有項功課是親子共讀這篇新聞，讀新聞可以讓我們了解事件的原因、經過和結果，不過，我們更要思考事件背後的意義。」我說。

我將這則新聞設定為親子共讀的家庭作業，源於孩子的行為表現繫於家庭教育的價值觀，父母是孩子的第一任老師，在孩童的懵懂時期，父母的言語表現及信念對孩子的影響甚巨，藉著共讀新聞、創造親子對話的機會，是促進家庭溝通的良方。

為了讓孩子擔起作業責任及更有參與感，而不是自己一個人看完、寫寫心得或把剪報交給爸媽兄姊就好，我說明進行步驟：

1 **反覆閱讀**：小朋友要把這篇新聞多讀幾次，熟悉文章內容，在閱讀過程中，可以慢慢形成自己的想法或提出問題。

2 **大聲讀報**：邀請家人一起坐下來，大聲為家人讀出剪報的內容。

3 **交流討論**：家人間針對這則新聞發表看法，想說什麼就說什麼，如果有不懂的地方要客氣請問家人，直到明白對方的意思為止。

4 **文字記錄**：把家人間交流討論的精華結論寫下來，家人要親自動筆寫下自己觀點，或是由小朋友幫家人記錄都可以。

課堂分享討論——有話慢慢說

第二天的課堂，我們一起分享昨天家裡讀報討論的情形。我甚是期待聽到百家爭鳴，小朋友也頗為熱烈，紛紛舉手有話要說。閱報雖不是頭一回，但要邀請家人一起討論熱門時事，這項作業讓小朋友覺得很「接地氣」。

我先問：「爸爸媽媽是否認同想吃免費餐食就改名？」大家異口同聲說不同意。

接著，為了讓討論更聚焦，我請小朋友稍安勿躁，我們有話慢慢說。

我們從家人觀點開始分享，大家說說家人對這則新聞及這件事的看法如何，小朋友聽聽看每家的說法。沒有批評、沒有標準答案，如果有疑問或想加進來表示意見，可以舉手等待老師邀請再發言。

分享家人的觀點——他人之言可供參考

「名字是爸爸媽媽給的禮物，要珍惜。為了吃鮭魚就改名字，就是不珍惜爸爸媽媽給的禮物。」

「不能為了貪小便宜而任意更改名字，因為名字是父母親給的珍貴禮物。」

「爸爸說做事情要三思後行，不要因為貪小便宜就浪費資源。」

「為了優惠活動就去改名是貪小便宜，這種人不夠腳踏實地，不可取。」大家點頭如搗蒜，紛紛提到爸媽說到了「名字是禮物」、「不要貪小便宜」的觀點。

「拿自己名字開玩笑很不好，要尊重自己的名字。」

「我爸爸認為商家很聰明，想出用鮭魚名字的方法吸引客人。」有些小朋友不認同「聰明」二字，他們覺得這樣做反而是「笨」，因為讓大家對這家店產生不好印象，但有些人覺得是「聰明」，因為想到一般人不會想到的方法，只是「聰明反被聰明誤」。

「我阿公說這是低智商的社會型態，就是說聰明用錯地方。」小杰的這個「阿公說」給「聰明論」做個小結。

「每個人的名字都是爸爸媽媽或爺爺奶奶深思熟慮才取的，要改名字之前要慎重考慮，不可以因為一時衝動或是為了配合商家的促銷活動，任意改變自己的名字。」

「改名要有思考，要有思想，不要因為衝動或一時興起而浪費社會資源。」

「姊姊認為改名字是要給有需要的人方便，不是給有心人為了利益而改。」

「臺灣改名字太方便了，所以大家都亂用。」

「凡事深思熟慮，不要短視近利。」小朋友唸出家長寫的話語。

有小朋友補充，爸媽說大多數的人改名是因為名字有諧音不好聽，或是因為算命之後，想讓自己更好運而改名。

「當個好人比較重要，和名字沒有關係，但因為貪心而改名字就是不對的。」

「爸爸認為有錢能使鬼推磨，免費能使人改名，錢很大，人不要變成錢的魔鬼。」

小朋友不能理解「有錢能使鬼推磨」的意思，我說明之後，大家明白就是跟貪心有關。

「爸爸認為要尊重他人的選擇，如果法律規範不周全，應該修正法令，而非嘲笑他人。」

「媽媽認為成年人要為自己的選擇負責，但要吃免費鮭魚就去改名字是隨便的態度。」

「爸爸認為改名字的年輕人有錯，電視新聞也有錯。如果電視新聞不要一窩蜂的一直報導，應該也不會有這麼多人模仿。」

小朋友提到電視新聞，我覺得是好的切入點，於是我問學生：「看電視新聞會提到『流行』，我們要如何面對『流行』？」小朋友表示好的可以學，不好的不要學。

我又問：「『好』和『不好』要怎麼決定？」小朋友認為如果不能判斷就可以和家人、老師、同學一起討論，『好』是可以讓自己更進步，『不好』是會影響別人，或是造成浪費，浪費資源就是不好的。

「媽媽認為人要知足，不要貪心。」

「奶奶認為很無聊、很幼稚。」

「哥哥的想法是原來大家都喜歡吃鮭魚。」

「我哥哥說很好，可以吃很多壽司，我爸說如果哥哥亂改名去吃壽司，他就要把他趕出去。」大家都笑了。

學校營養午餐若有魚類料理，常常出現炸鮭魚切片這道菜，原本有些小朋友不喜歡，覺得魚類帶刺，吃的時候很麻煩。藉著鮭魚話題，大家說以後要認真吃鮭魚，而且是不用改名，也不用擔心被爸媽趕出去就可以吃鮭魚了。看來以後不用再說「吃魚會變聰明」這句話，炸鮭魚片這道菜應該就會熱銷了。

「鮭魚之亂的此一現象，從另一個觀點來看，看得出民主國家的自由表現、只是過與不及皆失準則，而且造成戶政單位的麻煩。不過，藉此讓相關單位重新提出改名的相關政策，這值得檢討看看。」小彤唸出爸爸所寫文字，我解釋改名字必須到戶政事務所辦理，才能換發新的身分證。

「一個人可以改三次名字，戶政事務所的工作人員幫你辦改名手續的同時，排在後面的很多人可能要辦更重要的事，就會被你擋住、耽誤時間，要多等很久。」小朋友理解「浪費社會資源」就是指這點。

在踴躍分享之後，我們整理頻繁或反覆出現的名詞、關鍵語句：「不要貪小便宜」、「名字是禮物」、「尊重自己」、「要慎重」、「不要浪費資源」。我寫在白板上，希望這些觀點能成為小朋友日後遇事處事的原則。

分享自己的觀點——形成自我價值

在分享家人的觀點之後，我們分享自己的看法。

「每個人的名字都是爸爸媽媽取的，我覺得自己隨便亂改名字是不好的，可能會因此後悔。如果想要改名字，我會建議應該要先想一想，如果每天大家都要這樣叫你（鮭魚），你會不會覺得不舒服？任何事情都要先想好才能做決定喔！」

「改名的人這樣很不好，而且很難聽，沒有必要因為要吃免費的鮭魚而改名字，可以用自己賺的錢去買鮭魚。」

「我不會把名字改成鮭魚，因為名字是父母親花很多時間取的，如果我們改名字，就浪費了父母親的心血。」

「鮭魚是魚，沒有人應該叫鮭魚，我認為很不ＯＫ。」這麼可愛的話語讓大家都笑了。

「我認為很奇怪，大家已經有好名字，為什麼要改呢？」

「我認為這是不可以的，爸爸媽媽知道會生氣，也會讓爸爸媽媽難過。」

「自己的名字很寶貴，又是爸爸媽媽取的，我覺得再把名字改回來的人很棒，因為他們知道錯了。」

「如果做了不好的事情應該要反省，這樣太高調了（指在網路上張揚自己），有的人會去學。炫耀很不好，人不可以炫耀。」

「我認為不是自己想改名字就改，要先問過爸爸媽媽，因為名字包含父母的愛及對孩子的希望，不能放棄父母對我們的期望。」

「雖然是免費的，但是你的名字就不好聽了。」

「我認為他們很笨，媽媽跟我講有一個人把自己的名字改成鮭魚，後來發現他已經改名三次，不能再改了。」

「我認為這個行為不孝順，亂改名字很不孝順。」

「我喜歡我現在的名字，不會想改名字。」

暢所欲言之後，我問小朋友是否發現大家的發言跟白板上剛剛整理的家人觀點其實是一致的，其中還聽到了「孝順」、「父母的期望」的說法，顯然大家認同名字讓我們和父母親產生緊密的關聯，更感受到父母的愛。小朋友紛紛點頭，說：「嗯！對！」

師生討論——擦亮自己名字的招牌

熱烈分享之後，我想差不多可以歸納這個時事討論話題。

「老師請大家為家人讀報、和家人討論。為什麼老師這樣安排？」我問。

「可以讓我們知道爸爸媽媽的想法，我們會想得比較多，以後遇到問題可以看報紙，也可以問家人的看法，這樣會變得比較聰明。」小朋友說。

的確，在心智尚未成熟的年紀，遇事需要和家人多討論、多請教。

「大家都看過改名吃壽司活動中醋飯被浪費的照片，這令你想起哪一首詩？與米飯有關的。」小朋友馬上脫口而出：「鋤禾日當午，汗滴禾下土，誰知盤中飧，粒粒皆辛苦。」唐朝李紳的〈憫農詩〉小朋友都很熟悉。小朋友又說：「大人沒有做好示範。」的確，我們在學校裡諄諄教誨，叮囑小朋友珍惜食物、不要浪費，媒體報導的那些浪費的大人，實在要做好身教，才不會成為不良示範。

「大家曾經有吃到飽或免費吃的經驗嗎？」我問。

小朋友分享曾經吃到飽的經驗，其實進食超過自己日常食量會很不舒服，好吃的東西就不覺得那麼美味了，反而有點噁心。

學生說免費吃的經驗大多是在賣場的試吃活動，當下吃一點點，如果覺得好吃就會買，不好吃或價錢太貴就不會買。

「如果商家想要促銷，有沒有比較好的方式？」我問。

「可以配合節日打折，或是送獎品、摸彩。」小朋友覺得這是一般大家都熟悉的方式。

「如果餐廳想要打知名度，也可以請弱勢的人去吃免費的壽司，這樣才有真正幫助到沒錢吃飯的人，餐廳也可以建立很好的形象。」小愷話一出口，大家就報以掌聲。

我又提出：「有人認為這件事沒有犯法，是生活樂趣，是大家常說的小確幸，不過就是參加一個商業活動，並沒有影響他人。你們的看法如何？」

小朋友認為還是有影響，別人會模仿，其他國家的人也會笑我們，讓戶政事務所的人很忙，其實很有影響。

最後，我在黑板寫下：「行不改名，坐不改姓。」我問學生是否聽過這句話？小朋友都搖頭。

我解釋，從字面上可以知道這句話跟姓和名有關，古裝武俠劇中，英雄好漢要證明自己的人格清白，便很常迸出這句臺詞。這句話的意思是，不管走到哪裡或是遇到什麼事，都不能更改或隱藏自己的姓名，是指一個人做事要光明正大，要為自己負起責任。

小朋友說：「老師說過，我們說的話和做的事都是為了讓自己成為更好的人。」

「對，自己的名字就是招牌，我們要讓自己成為更好的人。」我期許孩子們都要記住今天的結語。

讀報談時事，看世界更寬廣

課堂上，我們發表家人及自己的觀點，孩子們更清楚父母的教養態度與準則，藉著討論一個又一個不斷延伸的問題，各式各樣的發想和視角統統出現了。話題討論並非要達到共識，而是人人有機會表達自我見解，以不同角度理解人事物。這過程彌足珍貴，同時賦予自己及他人價值。

正因為擔心沒有思考力的孩子較缺乏自信，容易陷入人云亦云的誤區，因此，我期盼學生在追求知識之外，更重要的是培養對生活的觀察與思考能力。

許多家長也有回饋：「親子針對時事讀報讓孩子有思考能力，也讓父母有機會和孩子討論，孩子在學校分享家庭觀點，回家又分享同學的各家觀點，是很好的交流。此外，孩子也感受父母的愛與期待並學習珍惜。」

把讀報談時事變成親子或師生聊天的主題，讓大人跟孩子耐心的對話，讓孩子們對社會現象更有好奇心，相信孩子們持續對生活探索思考，看待世界的眼光也更寬廣。

延伸閱讀討論及讀後活動

- 反覆閱讀新聞內容，形成自己想法或提出問題。
- 在教室裡討論分享。
- 大聲為家人讀報。
- 與家人交流討論意見。
- 摘錄家人觀點，做成文字紀錄。
- 聆聽他人觀點，思考自己觀點，形成自我價值。

2 貓咪的名字與我的名字

主題繪本

▪《一隻很多名字的貓》（小天下）

級任導師一般是兩年輪替一個班級，不論帶哪個年段，我總是喜歡、也總是會在日記作業指定「我的命名由來」這個題目。小朋友要訪談家人，詢問自己命名經過：是誰幫我命名的？我的名字有何涵義？

這項作業讓親子開啟話題，小朋友藉此知道很多「家庭祕辛」。命名有的要看出生時辰、求日後平安順利；有的要謹慎的查字典、算筆畫，避開諧音以免不雅；有的是請算命師協助取名等。從命名訪談中，小朋友體會到長輩家人對自己的祝福期許，這項作業很能為家庭親子感情增溫。

二年級上學期時，小朋友做過這項命名訪談小日記了，下學期配合時事話題「鮭魚之亂」，讀報之後，我讓繪本上場，藉此深化孩子們對自我的認識，與繫緊家庭情感。

搭配相關「名字」的話題，這次我選讀《一隻很多名字的貓》。前置作業我先將繪本掃描，做成投影片。

共讀《一隻很多名字的貓》，愛，留住了感動

這本書的色調活潑明亮又溫暖，故事篇幅雖不長，但節奏相當明快，起承轉合間，述說了一個暖心故事。

一隻街貓每天在繁花街上過著忙碌生活，牠拜訪每戶鄰居，和不同的人有各異其趣的相處陪伴方式，大家對牠有各自喜歡的五花八門的稱呼。牠和街上每戶人家都熟悉，例外的是十一號安靜的默瑞太太家。有一天，這隻貓終於進到默瑞太太家，默瑞太太得到溫暖的陪伴。

不過，平日習慣見到街貓身影的大家，因為沒看到牠而失落，大家叫著各自稱呼牠的名字，尋找著貓咪。最後，這隻有很多名字的貓，串聯起繁花街上住戶們的美麗友誼。

讀繪本的時間總是令小朋友期待，這次也不例外。教室裡，小朋友雙眼晶亮的坐正，等待我開啟單槍投影機。當電子白板上出現繪本封面圖片，小朋友很有默契的讀出書名：「一隻很多名字的貓」。

依例，閱讀之前讓小朋友做預測與提問，小朋友從封面圖畫與繪本書名，知道主角是這隻站在街道前、白底夾雜褐色毛的貓，大家預測這隻貓應該有許多名字，而封面背景的街道上還有一些人。

我問小朋友，閱讀這本書時可以注意些什麼事？大家答說注意貓有哪些名字，恰巧眾人的提問也有「牠會有哪些名字？」

我再提點：「剛剛小朋友說封面背景是街道上有一些人，大家可以注意貓與街道住戶的互動，當然，也要一併觀察牠的名字與這整個故事的關聯。」

閱讀前，學生的預測與提問和教師適當提點閱讀重點，都是為了讓讀者在閱讀中更專注，以及覺察繪本主題。

故事開始了。我流暢的帶完整個故事，文字沒有難懂的語詞或奧義，小朋友也沉浸在愉悅的情節推進中。

這隻有著各式名字的街貓是大家的好朋友，牠在無意間安慰了孤獨安靜的默瑞太太的心。住戶們默許讓默瑞太太留下牠，也開心貓咪有了新家，日後更皆大歡喜的以探望貓咪之名，眾人在默瑞太太家聚會，繁花街上的情感交流就像繁花似的燦爛盛開了。

故事迎來美好結局，愛，留住了感動。

師生討論，串連故事軸線

這本書藉著一隻貓與鄰居的互動，表現了睦鄰與友愛，拉近了人與人之間的距離，更可關懷獨居老人的問題。然而，在這些主題之外，我想拉出另一條討論軸線，討論名字的意義。

閱讀時，我們以單槍投影機播放共讀，閱讀後，我先藉著回溯故事，讓小朋友更加熟悉故事內容及整合情節。

「故事一開始便說：『這隻貓，每天都很忙。』平常，這隻貓忙些什麼？」我問。

「牠去拜訪鄰居，陪鄰居做很多事。」

「牠先去找一位先生（我說是葛林先生），葛林先生請牠吃剛釣到的鮮魚。」

「牠去一位小姐家裡（我說是費娜小姐）當貓咪模特兒，讓她畫畫，費娜小姐都叫牠『帥帥喵』。」

「牠和霍斯金夫婦一起喝茶，霍斯金太太會抱著牠。」

「牠陪一名穿蓬蓬裙的小女孩跳舞（有人補充是搖擺舞）。」

「牠去戴墨鏡、穿貂皮大衣的貴婦家（我說是貝蒂夫人）跟她抱抱，貝蒂夫人叫牠小啾啾、小寶貝、小甜心、小蛋糕。」

「牠去十四號那一家翻土和種菜。」座號十四號的孩子對這家門牌號碼記得特別清楚。

「牠去賞鳥、陪一個穿高跟鞋的小姐沿著外牆走臺步。」

雖然小朋友的情節串聯會產生跳躍，但並不影響對這則故事的理解，能表現貓與鄰居的互動親密頻繁，大家對牠十分喜愛。

我請小朋友在白板上寫下他們讀到的情節畫面，將方才討論的聽覺訊息，轉換成視覺文字訊息。

—《一隻很多名字的貓》情節畫面—

- 葛林先生——吃魚
- 霍斯金家——喝茶
- 貴婦貝蒂夫人家——抱抱；小啾啾、小寶貝、小甜心、小蛋糕
- 費娜小姐家——幫忙當畫畫模特兒；帥帥喵
- 其他很多人家——賞鳥、走臺步、種菜、跳舞

「事情產生改變是從哪裡開始的？」我再問。

「有一位太太（我說是默瑞太太）都沒有朋友，然後，貓出現在她家門口，坐在她的包裹上面。」故事頁面上以連續幾個小圖，呈現默瑞太太獨自坐在窗前的孤獨感。小朋友

注意到，畫面上默瑞太太坐的沙發前面的小茶几上有一張照片，不是太清晰，但可以判斷是男性的照片，學生猜想應該是默瑞先生，他已經上天堂了，所以默瑞太太是一個人住。

「默瑞太太和貓咪的故事如何展開？」我問。

「有一天，默瑞太太開門要去收包裹，看到貓咪坐在上頭，默瑞太太很歡迎牠，貓咪就進來了。」學生回答。

「進到默瑞太太家的貓咪，是否讓默瑞太太的生活產生改變？是否也讓繁花街上住戶的生活起了變化？」我問。

「貓咪陪默瑞太太，默瑞太太有笑容了。」

「其他人發現牠不見了，大家的笑容也不見了。」

「大家很擔心牠，一起跑出來找牠。」

「有人在海報上畫貓咪的畫像，製作尋貓啟事。」

「大家叫牠的名字，每個人叫的名字都不一樣，小啾啾、小蛋糕、小寶貝、小甜心、帥帥喵。」

「跳舞小女孩很聰明，發現大家找的是同一隻貓，大家又發現只有一位鄰居不在，貓咪應該就在她家，貓咪真的是在默瑞太太家。」小朋友們像串珠一樣把故事串起來。

「這個故事怎麼結束的？」我問。

「默瑞太太很喜歡這隻貓咪，因為她有伴了，默瑞太太也有笑容了。」

「鄰居請默瑞太太讓他們常常過來看貓咪。從此之後，默瑞太太家很熱鬧，繁花街的居民感情更好了。」

藉著我問你答，大家回溯情節，更加清晰了故事內容。

深度討論——價值澄清

故事讀得舒適自在之外，我們尚需與作者心領神會，更需擴展視野，尋找繪本故事與自我生活的聯繫。

「喜歡這個故事嗎？為什麼？」我問。

小朋友都說喜歡，因為故事帶來溫馨、溫暖、感動、感人、美好的感覺。

「故事如何讓讀者產生溫暖美好的感覺？」我問。

「大家都對貓咪很好，貓咪也很乖。」、「大家最後變成好朋友，常常在默瑞太太家喝下午茶。」小朋友感覺到這則故事散發的溫暖。

「一開始，貓咪分別陪伴每位鄰居；最後，大家聚在一起，同時有貓咪的陪伴；這兩者有不同嗎？」我提出比較。

小朋友想了一下，覺得是有差別的，貓咪分別陪伴時，有屬於自己的幸福，但大家聚在一起就有同樂的效果。

「默瑞太太喜歡貓咪，想把牠留在身邊，可是大家也喜歡牠的陪伴，如果大家不同意默瑞太太留下貓咪，事情可能有什麼樣的發展？」我請小朋友兩兩討論另一個可能不一樣的結局，希望學生能探索不同決定可能帶來的不同結果，覺察到思辨與選擇的影響。

「有可能貓咪像以前一樣，輪流到每戶人家去，牠也會到默瑞太太家，大家喜歡貓咪，貓咪也帶給大家幸福，但貓咪會很累，因為牠要輪流去。」

「有可能默瑞太太被拒絕會很難過，她又像以前一樣自己生活，不跟別人接觸，她很孤單，心理會不健康。」

「可能大家因為意見不一樣，彼此生氣，變成不和樂的鄰居。」小朋友說。

「這件事有了最完美的結果，是因為鄰居們成全了默瑞太太想把貓咪留在身邊的願望，這叫做『成人之美』；而鄰居們的成全是不影響自己的，他們提出好建議：『我們可以偶爾過來看看牠嗎？』默瑞太太也接納鄰居的建議，最後『兩全其美』，皆大歡喜。」我邊說邊寫下這兩個語詞。

小朋友有所頓悟的說：「默瑞太太也是成人之美，歡迎大家到她家來看貓咪。」

正是，有成人之美，可以促成兩全其美。白板上的文字「成人之美」、「兩全其美」，希望也能成為小朋友的美德實踐。

「『故事只是包裝，作者有話要說。』你覺得作者透過這個故事，想傳達什麼想法？」

故事結束前，照例要有這一句提問來促進小朋友的情意體會。學生小組討論後進行發表：

「要關心鄰居，和鄰居當好朋友。」

「如果有獨居老人，或是很孤單的人，可以建議他養寵物。」

「給貓咪取名字時，可以取好聽一點的名字。小啾啾、小蛋糕、小寶貝、小甜心、帥帥喵，這些名字都很好聽。」

「成全別人，自己和別人都會很快樂，可以兩全其美。」

小朋友言之有理，這隻有很多名字的貓，傳遞了善良與感動的力量。

以貓之名，看自己的名字

討論至此，小朋友已能體會這本書所傳遞的主旨，但針對「名字」，我更想有深入的探討，並銜接到前些天的「鮭魚之亂」時事閱讀。

「小朋友提到貓咪有好多名字，小啾啾、小蛋糕、小寶貝、小甜心、帥帥喵，這些名字都很好聽。老師想要討論多一點『名字』的事。」

我開啟新話題：「前幾天讀到『鮭魚之亂』的新聞，加上以前寫日記也讓你們問過爸爸媽媽給自己取名的經過，小朋友是否記得自己名字的由來和意義？」

小朋友回憶自己的名字有的是請算命師取的，有的請寺廟師父幫忙，也有依家族族譜輩分排序命名，或是家人合力算筆畫、翻字典、挑喜愛的字組成名字。

「我是屬蛇，需要『宀』來遮太陽，『宥』這個字有寬厚仁慈的意思。『辰』是晚上的星辰，屬蛇的人喜歡晚上，比較涼爽，『辰』也有成功、榮幸的意思。」宥辰對自己的名字了解甚深。

「爸爸媽媽想到我是水龍，所以我的『淑』才會取水部的字，『艾』和《孟子．盡心篇》有關，裡面說『有私淑艾者』，就是現在說的『自主學習』。」淑艾也流暢說著。但小朋友對這段話不能理解，我簡單解釋，這是孟子提到教育的方法之一，「有私淑艾者」就是我們可以學習有賢德的人來修養自己。

雖然小朋友還是一知半解，但大家認為淑艾的名字很有學問。淑艾對自己的期望則是雖然名字有「淑」，可是自己平常都像小猴子蹦蹦跳跳，她希望可以變成小淑女。

「我們的名字和別人有沒有關係？」我繼續拋問。

這個問題不容易回答，需要深入思考，於是小朋友四人為一組分組討論，想好再說，舉出例子來證明觀點。

小朋友多認為名字是「自己的」，和別人無關，但又說名字是爸爸媽媽取的，名字通常也是別人在稱呼我們的，這樣感覺名字又和別人有關聯。大家有點困惑。

我認為這可以回到故事文本去解惑，於是，我問：「雖然人人稱呼貓咪的名字不一樣，但大家叫著貓咪名字時，感覺如何？」

小朋友說，大家呼叫貓咪時都覺得愉快。

「對！名字可以帶給別人幸福的感覺。」我說。

小朋友同意名字可以帶給別人幸福感，那麼，名字和別人就有關聯。

「說說看，你有幾個名字？除了本名之外，你是不是也像貓咪一樣有很多名字？就是小名、暱稱或綽號。」我問。

說到這，小朋友眼神就亮了，小手都舉起來急於分享。

「我有很多名字，同學和老師叫我卓洺洺，姑姑叫我小乖乖，媽媽叫我洺洺，奶奶叫我洺個，奶奶是從英文「girl」g的發音叫我的，每個都叫得好可愛，我喜歡大家叫我的各種名字。」一邊說一邊神采飛揚的洺洺真的很可愛。

「我的英文名字是Dolly，小名是多多，因為我小時候不喜歡喝奶，爸爸媽媽希望我吃得多、喝得多，長高一點，福氣也能多一點。」偏瘦的小潔真的要多吃一點，以後我也要叫她多多。

實耘的英文名字是「Lucas」，我們常常簡化叫他「路路」，他也不以為忤，很陽光爽朗的小男生。

「QQ」、「Q寶」、「美眉」、「星星」、「寶貝」、「蔚蔚」、「萬人迷」、「小威」、「云兒」、「老大」、「喆哥」、「顏顏」、「小魚兒」……，或是前頭帶著姓氏喊的「○小妹」、「○姊節」、「○葛格」、「○底迪」。哇！大家有好多好多的名字，說著說著都是眉飛色舞的神情。

「貓咪有各式各樣的名字，牠有因此而改變嗎？牠是不是同一隻貓？」我問。

「當然是同一隻貓。」小朋友舉一反三，自己也有各式各樣的小名，但「我還是我自己」，不會因此改變。

小朋友還聯想到家人會替寵物貓狗取名字，自己也會幫喜愛的玩偶命名，當叫著這些陪伴在身邊、不論是有生命的動物或無生命的物品的名字時，都是歡喜愉悅的。

「名字可以讓別人辨識，如果沒有名字，別人就不知道要怎麼稱呼你，名字會和人連起來，別人會記住我們的名字。每個人的名字都有特色和意義，名字可以帶給別人溫暖，也代表自己的形象。名字不只是名字，是你的招牌。」我做了結論。

最後，我問小朋友喜歡自己的名字嗎？大家都說喜歡，而且比起以前更喜歡了。

在投影機上共讀繪本之後，我會放上書本讓小朋友紙本閱讀，讓他們撫觸紙張溫度，感受文字與圖畫的有情述說。這次，教室前除了擺上《一隻很多名字的貓》繪本，我又加碼放上《愛取名字的老太太》，這也是一本跟名字有關的暖心繪本。

繪本裡因愛美好，小朋友討論自己命名的過程、思考名字意義的過程很美好，捧書閱讀繪本的畫面也很美好。隨著閱讀，希望人人珍愛自己、美好自己的名字招牌。

這樣帶孩子讀——《一隻很多名字的貓》

共讀繪本推薦

- 《一隻很多名字的貓》（小天下）
- 《愛取名字的老太太》（上誼文化公司）

延伸閱讀討論及讀後活動

- 閱讀前，觀察封面圖畫與故事名稱，做預測與提問。
- 討論故事內容，強化故事印象。
- 討論故事意涵及作者欲鋪陳的心意。
- 定義「名字」的價值。

《一隻很多名字的貓》簡介

3 在疫情中，共譜家庭小情歌

主題繪本

■《停電了！》（小天下）

二〇二一年五月，空氣中還瀰漫著歡慶母親節的氣氛，臺灣卻爆發新冠肺炎的社區感染。各大學率先改成遠距教學，新北市和臺北市因確診者眾，宣布五月十九日起停課兩週。

雙北停課的第一天，身處雙北之外的我們照常上課。這天是週二，高溫燠熱，教室沒有冷氣，二年級小朋友滿身是汗，戴不住口罩。我不斷叮囑勤洗手、戴口罩，這是必要的保護措施，也跟學生說還能上課是幸福的，表示疫情尚未逼近到我們身邊。

情勢變化極快，這天下午，教育部便宣布全國中小學預備停課。我們在學校公務群組已知曉此事，三點整，學務處準備全校廣播宣布停課消息時，我先提醒學生：「現在廣播宣告的是嚴肅嚴重的事，不可以歡呼，不可以『喔耶』！」

當廣播裡傳出「明天起，停課至五月二十八日」，校園裡有些班級竟歡聲雷動，好像暑假提前來臨似的歡欣鼓舞，我不禁搖頭孩童不識愁滋味，居安早已不思危。對照我班學生靜靜的聽著廣播，如得其情，則哀矜而勿喜，孩子的「態度」要「塑」要「養」啊！

停課要穩住，小鐵人三項動起來

聽聞停課，一來擔心疫情一發不可收拾，二來恪守防疫規定，孩子們要嚴嚴實實待在家裡，家長無一不焦慮。安親班、補習班不能去；休閒、娛樂、購物皆暫停，課程進度怎麼辦？作業該如何繳交？多出大把大把親子相處時間怎麼安排？班級家長群組裡可說是哀鴻遍野。

第一時間，我先給家長打了強心劑，教學進度絕對不是問題，小孩有自學力比較重要，這一點我不擔心，我反倒覺得「養兵千日、用在一朝」。一直以來，我注重發展孩子們的學習策略，此時此刻正可派上用場。

國語的學習從課文名稱的預測與提問開始；瀏覽課文後判斷文體、區分段落再試說大意；認識生字要觀察部件、注意結構；詞語不懂，要試著從上下文或關鍵字推敲詞意；文章理解要注意段落之間關聯等。

數學有「年月日」和「分裝、平分」，這都是生活數學，可以實際動手操作的，孩子們只管把平日練就的功夫使出來用用看。

我更提醒家長，別忘了小鐵人三項動起來：閱讀、運動、家事。這是平日小朋友便知道的生活三件事。

廣播後就是這天的最後一節課了，我抓緊時間和孩子們討論「停課在家可以做什麼事？」小朋友馬上想到小鐵人三項。

1 **閱讀**：我讓小朋友從班級書櫃裡挑幾本書帶回家，群組裡鼓勵家長上網買書，二年級可以往橋梁書邁進，甚至少年小說也可以試水溫了。

2 **運動**：不能外出那就發想適合在家運動的項目，「健康操、柔軟操、跳繩、呼拉圈、

Switch……」，小朋友們都想好了。

3 家事：我叮嚀孩子們在家做貼心的小幫手，也可以學習新的生活技能，例如，煎荷包蛋、洗切蔬果、刷洗浴廁等。

我也在班級群組裡安撫家長，「防疫期間雖要保持適當社交距離，但停課在家的親子相處則要讓心更靠近，親子一起歡喜承接這份禮物吧！」我在鍵盤敲下文字。

共讀《停電了！》，陪伴是父母對孩子展愛

每每有機會受邀主講親職講座，我總喜歡帶上繪本《停電了！》。有人說繪本是給失去童心的成人看的，《停電了！》正適合提點忙碌的大人，莫忘家庭陪伴的重要。

《停電了！》的文字很少，但每個畫面流暢又深刻的述說一家人在意外停電的夜晚，重拾家庭溫馨互動的故事，翻著頁面好似在欣賞一部暖心動畫短片。

繪本封面場景是夏夜裡的樓頂，媽媽牽著孩子的手，爸爸指著滿天星斗給孩子看，藍

墨底色卻流瀉暖意。

故事開始於小女孩百無聊賴托腮倚在窗前看窗外，家家戶戶燈火通亮，街道上只有車子駛過的聲響，這是個吵雜又悶熱的平常夜晚。家人各自忙碌，媽媽在電腦前工作、姊姊和朋友電話熱線中、爸爸忙著準備晚餐，無人陪伴的小女孩爬上板凳，想拿下櫥櫃上的盒子。

這個盒子是桌遊，特寫鏡頭拉到桌遊外盒一角，寫著「二或三人以上同玩」。女孩喜孜孜的想找玩伴，姊姊吼她「出去！」、爸爸對她說抱歉、媽媽攤手說沒空，她只好上樓坐在電視前玩遊戲機，牆上高掛的愛迪生畫像角度剛好斜望看向女孩，似乎憐憫著孤單的她。

就在此時，停—電—了！城市彷彿披上黑色簾幕，所有電器停止運作。一家人點上蠟燭依偎在一起，就著燭光先是玩起手影遊戲，女孩臉上有了笑容。屋裡悶熱得讓人待不住，全家上頂樓吹風，這下看到了平日未曾注意的熱鬧星空，樓頂上的街坊鄰居們互相打招呼。

隨後，一家人想到大街上乘涼，黑暗中，只有微弱手電筒燈光讓一家人捱著彼此，亦步亦趨走下樓。這個畫面格外觸動人心，全家人何時有機會這樣緊緊依靠在一起啊！

停電讓平日大門深鎖的住戶聚在大街上，小朋友結伴玩著，鄰居們有閒話家常的機會。

不一會兒，電來了、燈亮了，大家紛紛進到屋內，扭開電源準備回到原本各自在做的事。小女孩看著牆上的電源總開關，心生一計，「喀噠」一聲關掉它，故事結束在一家人共聚玩著桌遊的畫面。

這本書把孩子渴望家人陪伴的心情表達得淋漓盡致，用來檢視親子陪伴的質與量，也有醍醐灌頂之效。

優質的親子陪伴，為家庭幸福奠基

平日人人處在高度轉速的生活型態，孩子們上完學校課程後，趕赴安親班或周轉在各才藝教室間，父母也為家計辛勞打拚，大人、小孩返家時間都很晚，身心皆疲憊。扣除睡眠，家人互動的時間，可能就像許多老師擔憂新課綱裡的國語課一樣，「節數不足」。然而，家庭功能不能樣樣外包，家是談情說愛的地方，優質的親子陪伴，是讓家庭情歌動聽悠遠的根基。

能兼顧陪伴的質量與數量是最好的家庭經營模式。如果時間有限，那麼半小時的悉心陪伴，絕對勝過一小時的敷衍交差。

陪伴並非指緊迫盯人，不是喊吃飯、催洗澡、隨侍在側盯緊功課。若一家子圍坐客廳，但人人目不轉睛盯著螢幕，只有電視傳來喧鬧聲響，而無家人間閒聊話語，這也不是好的親子互動。又或是家長機不離手的談公事回訊息，身在曹營心在漢，猛想起時，再把僅剩的時間用來檢討或教育孩子，這樣機械式的「陪」等於「賠」，將賠掉親子之間的親密感。

有質量的陪伴，是指家人共處時，是否有實質內容與交心，大人可以跟著做孩子們做的事，孩子們學著做大人做的事，這都可以創造親子陪伴的驚喜與話題。

例如，若孩子們在寒暑假上羽球、網球營，假日時，全家不妨到戶外空地打羽球、網球，這對視力保健也有幫助。又如讓孩子們幫忙摘菜洗菜、為料理加鹽巴或添點糖，孩子們對此一定很有興趣。

經營書香家庭更是日久芬芳，每日二十分鐘的親子共讀時間，爸媽為孩子讀書，或是請孩子讀課文給家人聽，這一定勝過天籟。大家各自捧著喜愛的書，安安靜靜的獨自閱讀也很好，這閱讀的安靜，是身心自在的寧靜，空氣中有揉合親情與書香的氛圍流動。

親子之間的陪伴是互相的，大人藉著與孩子相處的機會，放下手邊工作，聽聽孩子的童稚笑聲，也許被療癒的反而是大人呢！

防疫首發——讓孩子們讀《停電了！》給家人聽

某天我突發奇想問學生：「你們覺得爸爸媽媽的陪伴夠不夠？」全班異口同聲的說不夠。當我再問：「你們想要爸媽陪你們做什麼事？」學生們的回答一致又簡短有力：「玩！」看來玩真的是孩子們的生命。

我靈機一動說：「老師有個好方法可以讓家人陪你們玩。」

鬼靈精怪的孩子們說：「出家庭作業時就寫『命令大人陪小孩玩遊戲』。」

我說：「這樣技巧太粗糙，我們可以有高明一點的方法，來讀繪本！我先讀給你們聽，你們回家讀給家人聽，繪本裡有魔法會讓家人陪你們玩。」

於是，《停電了！》粉墨登場。

二〇二一年五月十八日，全班共讀《停電了！》。我掃描繪本做成投影片，再投影至電子白板帶全班欣賞故事，讀畢我問：「書中的小女孩是你們的代言人嗎？她想要家人陪伴的心聲，跟你們一樣嗎？」

孩子們說：「一樣！」

接下來，我說明「讀繪本給家人聽」的做法：「輪流把書帶回家，邀請爸媽坐下來，由你們讀繪本給家人聽。模仿老師的方式，有感情的讀出文字，也要請爸媽注意圖畫訊息，因為圖畫也在說故事。讀完之後，家人一起聊一聊這本書，聊什麼都可以。」

我在學校圖書館裡借到一本書，加上自己的一本，手邊有兩本書，每天有兩個孩子可以帶書回家讀給家人聽，隔天帶回來移交給下兩位。首先帶書回家的是小艾，她讀給爸爸聽，爸爸說謝謝她，也要回饋她，所以爸爸也為她讀了同一本書，小艾覺得很幸福。我們聽著也覺得甜蜜。

不料，停課來得又急又快，「為家人讀繪本」才執行了幾天便要停課，似乎只得讓這件事暫時踩煞車。

窮則變，變則通，我不想停下「為家人讀繪本」的活動，學生也興致勃勃，加上有感於停課帶給家長的焦慮，《停電了！》一書正可以作為親子身心安頓的一帖療劑，我們要繼續讀《停電了！》，用愛發電同時「以讀攻毒」。

停課第二天，我將繪本的電子檔案上傳班級平臺，這天指派的作業中，有一項是「請孩子讀繪本給家人聽，親子討論陪伴二三事」。孩子們已經知道進行的方式，我要請家長注意的，是繪本檔案供學習使用，不另做他途。

這個「讀繪本功課」我想運用的輕鬆些，沒有學習單作業，沒有討論問題也可以，無須寫心得，就讓親子間自在閱讀、自然發酵。我也靜靜期待火花的出現。

這天下午，小蔚媽媽傳來她帶著兄弟倆玩跳棋的照片，其他人的大富翁、撲克牌、桌遊、樂高也隨後跟上了。家長的回饋是，長久以來被功課、分數的緊箍咒框得喘不過氣，差點忘了親子陪伴可以這麼輕鬆，閱讀《停電了！》觸動家長好靈感，讓塞在雲深不知處的遊戲都被翻出來了。

大家舉一反三，腦力激盪親子互動項目：成語接龍、詞語接龍、接力讀唐詩、不占空間的摺紙可輪番上陣，我還送上金句「忍耐最吉祥」，孩子活蹦亂跳表示健康，防疫宅在家，大家來彼此打氣祝福。

停課正是重新檢視家庭關係的機會，思考如何讓親子增溫和諧更上一層樓，看來本班有了一個好的開始。

親子共讀——親子共廚

停課防疫期間，大家都避免外出，但民以食為天，每日餐食仍得準時供應。我平日喜愛下廚，也想鼓勵親子共廚宅料理，以家庭飲食吃出保護力，也讓孩子在操作中，培養生活自理能力，這才是素養強調的「做中學」與「生活即學習」。

我建議家長和孩子共讀食譜書或親子料理書籍，我總認為閱讀食譜、料理書是幸福的，這類書籍圖文並茂，繽紛多彩的餐點躍然紙上，不僅望梅止渴，更引發食慾，勾引手作魂。親子可以一起翻閱食譜，看看哪道餐食簡易可行、好操作，共作讓家庭餐桌更有滋有味。

圖文寫作——親子共廚的美好紀錄

二年級上學期生活課程，康軒版課本的〈米粒魔術師〉介紹了米食、提醒珍惜食物，還提到創意米食的製作方法。我設計了「親子共廚米食動手做」的家庭作業，讓孩子與家人討論什麼是符合他們能力的料理項目，如煮飯、包壽司或做飯糰等，期能實做以達學習目標。過程中，學生必須觀察與記錄，而我預計以料理的圖文寫作為課程收尾。

小朋友對親子共廚這項作業展現十足興趣，家長配合度亦高，眾人在家裡不僅完成米食操作，也吃得歡喜。隨後，學校教室裡的寫作課登場了。

關於寫作，我希望既限制又開放，限制的是內容，要表現米食料理操作過程與品嚐食物的感官紀錄；開放的是寫作形式，學生可以用自己喜歡的版面編排方式呈現。不過，要二年級的孩子精準掌握寫作內容與形式是苛求，需要引導與啟發靈感，於是，《快樂親子廚房》系列繪本三冊與《東西這樣做！》便是教學工具書了。

《快樂親子廚房》系列繪本每冊都有十幾道菜單，清楚介紹餐點名稱、材料與料理步驟。簡單來說，這是適合小朋友看的食譜，其中清楚的操作步驟就是說明文的類型。

《東西這樣做！》這本書有大拉頁和書中小書的有趣設計，介紹了生活物品如湯匙、椅子、T恤、玻璃杯、書和麵包等的生產過程，翻開書頁就像親身參觀一間又一間神奇工廠。

書中遊樂園式的導覽大圖也是說明文類型，用來做教學引導恰到好處。

說到書籍取得與應用，其實很有彈性，師長若有管道購買或借閱我在書中所提到的繪本書刊，自是能立即上手使用。如果書籍取得不易（例如絕版），那麼性質類似的書籍也可以發揮等值效果，無須一廂情願苦苦守候，或徒呼巧婦難為無米之炊。

以世界咖啡館模式，創造對話

我手邊有四本不同的料理主題繪本，因此全班分成四組，每組桌上各放一本。這次我們不共讀，而是採用「世界咖啡館」（The World Cafe）的做法。我簡單說明咖啡館對話方式，大家自選組別坐下，一個座位一個坑，在輕鬆的音樂伴隨下，每次討論一個主題，音樂改變時，人員就要換組。

我拋出的四個討論主題是：

1 這是什麼書？

2 烹調一道料理或製作一個物品，可以寫出哪些內容？

3 描寫一件事情的操作步驟可以怎麼寫？

4 想寫一件事，頁面可以怎麼編排，好讓讀者喜歡看、又看得懂？

討論開始了，有別以往固定座位的分組討論，這次學生興致特別高昂，好像在玩大風吹。大家在各桌間坐定再翻看書本，隨意交談，穿插比手畫腳，對話流動喧鬧但又專注，顯見小朋友喜歡這樣自由的討論方式。咖啡館討論帶動學生間的同步對話和分享，讓每個人的想法被聽見。

結束咖啡館轉盤後，我們收拾整理，交流心得。

小朋友說有三本書在講「吃的」，我說「這是料理食譜」；另一本是介紹東西製造生產過程的書。食譜書的內容有餐點名稱、材料、做法和注意事項，製作物品有寫步驟。

學生說：「描寫一件事情的操作步驟有標示『1、2、3、4、5』數字，一條一條的寫。」我解釋這是條列式。

學生說：「還有用箭頭表現做東西的過程。」我解釋這是流程圖，在國語課講述一件事的「起因→經過→結果」便常用流程圖，學生不陌生。

頁面編排部分，小朋友注意到：「有寫字也有畫圖，寫字搭配畫圖，看得很清楚。」、「有走迷宮或參觀遊樂園的設計，從入口一直走到出口，寫一個東西從開始做到完成的過程。」圖文並茂和參觀導覽的概念很能吸引讀者，也能補充細節，足見頁面編排可以表現巧思和創意，沒有固定模式。

我實際拿起書翻給學生看，揭示了食譜書的標題都用大大的字寫在頁面左上角，也就是文章要開始閱讀之處。《東西這樣做！》這本書就不一定，標題有的在頁面左上，有的在頁面正中間。

結論是，標題表現主題，不一定要有固定位置，但要清楚醒目。主標題之外，也可以再加小標題，標題可以加上形容詞來加強特色說明。

寫作細節的鋪排

書本討論之後，帶入料理食譜寫作了。「知道」加上「做到」才是學習廣度，因此我要帶領學生把書中學到的書寫形式，用來寫作米食料理。

我在白板上畫下「圓圈圖」（Circle Map），小朋友稱為「甜甜圈圖」，中間寫下「我的料理」表現主題，大家腦力激盪，把書本獲得的知識轉換到寫作米食料理食譜。第一層討論「寫什麼？」，第二層討論「怎麼寫？」。學生不斷發表意見，我把學生發表內容的關鍵字寫在對應的圖框中（見下頁，圖6）。

接著，我們分享在家裡做料理的事，若小朋友提到形容詞或成語或適用的詞彙，我就鼓勵他們上臺寫下來，我也適時潤飾補充，最後白板上有一面師生共構的料理詞彙參考庫（見二〇八頁，圖7）。

小朋友開始寫作後，若思考卡關，抬頭便可參考白板上的寫作牆，這是由大家共同討論建構的。

從咖啡館對話帶動觀察討論，再由生活操作滋長寫作養分；以書本閱讀提供寫作類型的參考，再由師生討論，集體產生創造力。方法對了，二年級學生也可以享受成功精采的寫作經驗。

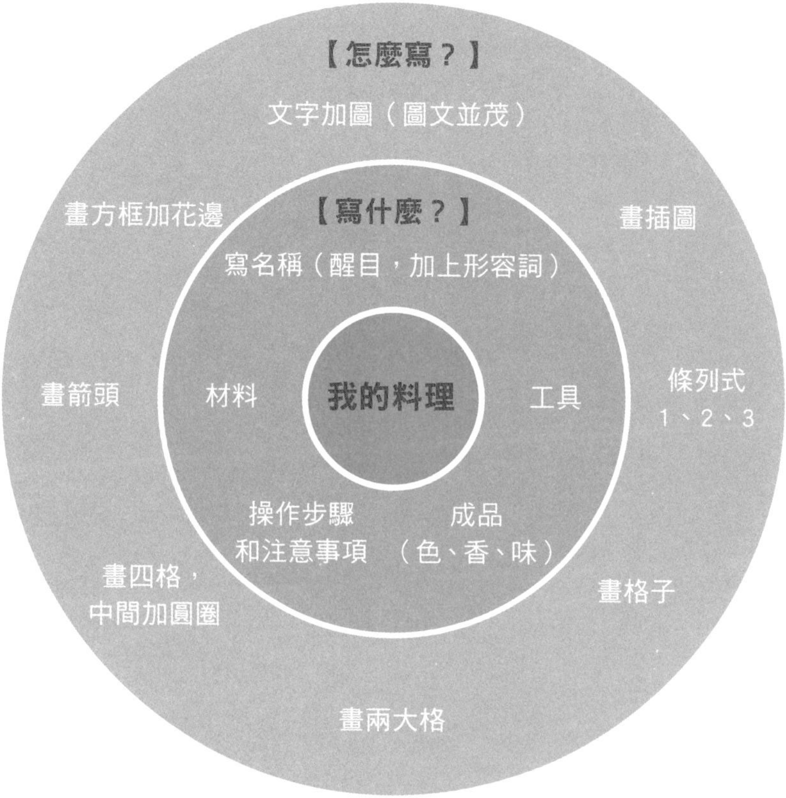

〈圖 6〉料理食譜寫作圓圈圖

料理的詞彙

動詞專用區

▪ 首先－接著－然後－最後	▪ 心滿意足	▪ 試吃
▪ 生米煮成熟飯	▪ 靈機一動	▪ 切、洗、悶……
▪ 各式各樣	▪ 飽餐一頓	▪ 加水
▪ 十全十美	▪ 可口美味	▪ 洗滌
▪ 香噴噴	▪ 垂涎三尺	▪ 洗米
	▪ 津津有味	

〈圖 7〉料理詞彙參考庫

寫作練習──令人感覺香噴噴的美味壽司──

小豪

材料

1 海苔一包　2 小黃瓜一根　3 蛋一盒

4 紅蘿蔔一根　5 米飯

做法

1 先洗米，再將洗好的米放進電子鍋。

2 米在煮的時候，先把蛋打好，再煎一煎。

3 把煮好的飯拿出來，再把紅蘿蔔、小黃瓜切一切。

4 最後，把全部的食材包起來。

感想

真是飽餐一頓，我們都是小天才，人間美味的壽司完成了。

十全十美的壽司，讓人心滿意足，真是可口的壽司。

寫作練習—**煮一鍋好吃的白米飯**— 小楓

材料

米二杯，水二杯

做法

1 首先，把米放進鍋子裡，再把水倒進鍋子裡。

2 用手輕輕的洗米，再把水倒掉。

3 洗三次。

4 最後，把米放到電鍋裡，等三十至四十分鐘，香噴噴的白米飯就完成了。

感想

我吃完米飯後心滿意足。

煮白飯、煮稀飯、海苔包飯、飯糰是多數小朋友料理的項目，有個孩子在奶奶指導下，用糯米打成米漿，添加地瓜粉做成米苔目。也有小朋友煮冷凍湯圓，做成一碗甜湯圓。大家用心寫著，設計自己喜歡的版面，米食寫作躍然紙上，色香味俱全。

以親子共廚共讀，戰勝疫情

疫情停課情非得已，一路停到暑假，班級視訊會議時，我安定學生與家長情緒，鼓勵親子共廚，希望小朋友學習新技能，讓生活如常，也創造更美好的價值。

讀《停電了！》以感受親子陪伴的美好，讀食譜料理書來實踐親子陪伴。讓知識走出書本，讓能力走入生活，讓孩子動態學習，我們可以看到孩子的無限潛能，因為當我們把孩子當成功者來教育、教導，日後他就會成為成功的人。

親子之間愛的儲蓄絕對是一天一點點，一年多很多，無庸置疑。

這樣帶孩子讀——《停電了！》

共讀繪本推薦

- 《停電了！》（小天下）
- 《快樂親子廚房1：我的拿手好料理》（小天下）
- 《快樂親子廚房2：我的拿手好甜點》（小天下）
- 《快樂親子廚房3：我的拿手好麵包》（小天下）
- 《東西這樣做！》（小天下）

《停電了！》
簡介

延伸閱讀討論及讀後活動

- 全班讀《停電了！》，再由孩子讀給家人聽。
- 親子討論閱讀心得。

- 討論親子陪伴可做些什麼？玩些什麼？
- 親子閱讀食譜料理書。
- 親子共廚動手做料理。
- 寫下料理圖文作文。

4

害羞內向的你，依然美好

主題繪本

▪《最可怕的一天》（小天下）

在語文學習的範疇裡，口語表達力不若閱讀與寫作受重視，但口說能力很重要，是自我表達與人際溝通的直接方式，也是領導力的表徵。

校園裡，有些學藝競賽專以口語表達呈現，例如，說故事比賽、好書擂臺賽、演說及朗讀比賽等。其他如自治市長選舉、跳蚤市場叫賣、街頭藝人表演、課程裡的報告發表等，都牽繫著口語表達力。

但「上臺」及「公開說話」對許多孩子來說是一件困難的事，甚至有的孩子「臺下一條龍，上臺一條蟲」。私底下能聊，上課時講話比老師大聲，但若邀請他在眾人面前發表或回答，便會看到孩子表情彆扭、渾身緊繃，好像開口說話等同上刀山、下油鍋般艱難。師長若輕描淡寫的說：「上臺而已，有什麼好怕的！」並未同理學生的感受，因為孩子們面對的是被檢視的情境，有些孩子甚至出現「社交恐懼症」。

無論如何，加強口語表達能力很重要，雖不必到舌粲蓮花或口若懸河的程度，但能在眾人面前勇敢的清楚說明、流暢溝通或侃侃而談，都有助於自信與競爭力的提升。

多元評量，看見學生的光

二〇二一年五月因應防疫，學生們在家進行線上課程，以往的紙筆測驗形式不適用於這次的期末評量，須做調整。考慮到二年級學生的資訊使用能力不足，若採線上實作勢必困難重重，經過學群夥伴討論，我們採用多元彈性評量模式。項目之一有「我會大聲朗讀」，小朋友從指定範圍的課文中任選一課，大聲朗讀課文，做到順讀、美讀，這是平日課堂便常進行的教學活動與訓練。

評量還有一個項目是「閱讀分享」，小朋友從居家上課期間閱讀過的好書，挑選一本做口頭心得分享或推薦。這兩項作業要請家人協助錄製成兩支影片，上傳到學校建置的學習平臺，以 LINE 傳送或用電子郵件寄至老師的信箱也行。

規定的繳交期限一到，當我一一開啟檔案，小朋友們美聲朗讀及流暢分享閱讀心得的模樣躍然螢幕上，「驚喜」正足以形容我的感受。

許多平日害羞的孩子抬頭挺胸，以「左手捧書右手翻」的標準姿勢，大方的、大聲的、表現抑揚頓挫的讀著課文。大家展現自信笑容的介紹好書，甚或自備道具，又說又演，褪去平日扭捏，跟在學校上臺時的膽怯模樣，簡直判若兩人，進步神速不可同日而語。

回想平日在學校，若有比賽或發表需要推舉代表，多數小朋友總是雙手合十祈禱，不是許願仙女棒欽點到自己，而是請各路神明庇佑自己能「逃過一劫」，萬萬不可雀屏中選，「上臺」這件事對他們而言壓力爆表。

有些個性較內向的小朋友，站在臺上就像沒攜帶氧氣瓶便潛入水中般的呼吸困難，眼光不敢直視觀眾，聲音小到全場噤聲且豎起耳朵，再為他遞上麥克風還是聲若蚊蠅。的確，面對群眾說話發表是需要訓練的，表現優劣和是否準備充分及個性特質也多有關聯。

但透過期末多元評量的在家錄影形式，我看到學生的潛能與無限可能性。或許因為在家面對的是熟悉的家人，小朋友祛除不少「社交恐懼」或「廣場緊張」。此時，我腦中浮現《最可怕的一天》繪本畫面，學生就是故事中害怕上臺的劉芳玲翻版。

這個班級我還沒機會講這本繪本呢！可惜學期就要結束，開學後升上三年級已重新分班，不再是這個班級的組合了，而我也要到高年級帶班，暫無機會再為這班小朋友上課。然而，看到大家期末評量的表現，我真想開講《最可怕的一天》來鼓勵小朋友接納自己的個性特點，不論外向活潑或內向害羞，你都是最棒的。

期末，六月底最後一次線上Google Meet，螢幕裡，大家彼此揮揮手，互道暑假珍重，期待開學再見。沒有機會為孩子們講《最可怕的一天》，我擱在心裡頗不舒暢。線上結業式後，我在班級群組敲下文字，對學生期末評量的影片表現讚譽有加，以及不忍暑假居家防疫孩子們可能感覺無聊，「暑假中固定每週一上午九點『繪本開講』！」我按下Enter鍵送出後，群組裡傳來家長各式歡喜貼圖：鞭炮、掌聲、歡呼、灑花轉圈圈、跪地拜謝，還有感謝期待的文字。當家長將暑假持續線上開課的消息轉述給孩子們聽時，小朋友也是歡聲雷動，有如抽中特獎。我不過就是要講繪本，卻好像拯救了世界！

那麼，艱困的防疫時代，就以繪本的溫度來鼓勵孩子們，希望藉此帶來身心安頓的正能量。暑假繪本開講首發，就是《最可怕的一天》。

共讀《最可怕的一天》，面對恐懼的勇氣

從五月十九日停課以來，小朋友早已對暑假出遊無太多期待，反倒珍惜看到老師和同學的機會。第一週約定好的九點 Google Meet 會議，八點一過便有家長在群組裡說小孩已經早起坐在電腦前等待了。全班幾乎都到齊，揮揮手打過招呼，故事就開始了。我用「畫面分享」繪本投影片的方式帶領全班共讀。

書本封面有個小女孩手拿著一枝筆，面對地震、海嘯、外星人及怪獸攻擊，一副落荒而逃的緊張模樣。

扉頁是好多好多小朋友的臉孔。線上會議形式無法比擬平日教室現場提問能即時回答

互動，我便解釋：「這是同一個班級的小朋友，同班同學。」再翻頁是版權頁，上面寫著：「獻給總是愛說：『好恐怖喔……』的玲玲。」書名頁則是垂頭喪氣的小女孩，後頭跟著一隻貓。呼應到封面，大家可以知道主角就是這個小女孩，她的名字是玲玲。

電腦螢幕分享著故事畫面，透過一旁另外架設的平板，我看到學生們專注期待的眼神。

故事一開始，媽媽喊著女兒的名字「劉芳玲」，小小埋怨她便當盒沒拿出來洗，襪子老是亂丟講不聽，已經躺在床上準備就寢的玲玲心想，這些不是什麼大事，明天才真的有天大的事要發生。畫面裡，床頭牆上貼著的月曆，可以看到玲玲把「21日週五」這天圈了起來，鬧鐘已經指著十點十五分了，她還苦著臉睡不著。床鋪邊的地板上丟著襪子和書包，這地板凌亂的畫面，應該會讓小朋友產生親切感吧！

接著，玲玲想像著明天會是怎樣的情景。書頁上的文字不多，但畫面具體且強烈的表現了玲玲心中的恐懼。「明天，會這樣嗎？」

像地震造成屋倒地裂，玲玲張著大嘴驚聲尖叫的掉進裂縫中。

像海嘯淹沒了房屋、車子，也把玲玲捲進海水中，害她快要滅頂、不能呼吸。

像火山爆發烈焰沖天，玲玲拔腿快逃。

大大小小、無數的眼睛像一張大網由上撒下，玲玲無處可躲的喊著好恐怖。

怪獸張著大嘴露出尖牙利齒，嘲笑著：「哈哈哈——」、「哈哈哈——」

同學們駕駛飛天艙來了，結合外星人，全對準玲玲攻打。他們發射利剪、強力電波和火箭炮，還有噴火龍從嘴裡噴出烈焰，玲玲被打得東倒西歪。

學生很入戲，雖然在故事開始前，我依例提醒小朋友關閉麥克風，有事就按「揮手鍵」，等到老師邀請時，才能打開麥克風。不過，故事進行時，小朋友太有感了，忍耐不住，頻頻開麥克風喊著：「地震了！」、「火山爆發了！」、「劉芳玲掉下去了。」、「有一隻貓耶！」、「對耶！有一隻貓一直跟著她。」小朋友注意到，總是有一隻貓跟著玲玲，而玲玲手上也都握著一枝筆。

玲玲再怎麼害怕，時間依然來到了第二天。

她背著書包、提著餐袋，低頭走向學校，心事重重，眉頭緊蹙。

畫面再轉進教室裡，老師說：「現在輪到劉芳玲上臺報告。」黑板上寫著：「講題：我的志願。」這時候，小朋友終於理解玲玲擔心的是什麼了，打開麥克風又喊著：「她害怕上臺報告啦！」

同學的目光全望向玲玲，她要走上臺時踢到講臺，先跌了一跤，站到臺上後，臉都紅了。她的心臟撲通撲通跳，全身發熱、呼吸困難、腦袋空白，準備好要說的話又卡住了。禍不單行的是，她心愛的新鉛筆滾到地上摔斷筆芯。倒楣的事接二連三，在結結巴巴結束報告終於可以下臺時，她不僅走錯位子，還踢到桌腳。

連續七個鏡頭表現劉芳玲上臺的緊張與窘況，小朋友們忍不住開啟麥克風喊著：「太倒楣了！」、「貓咪躲在抽屜裡！」還有人喊著：「劉芳玲加油！」

當劉芳玲回到座位時，她雙眼緊閉，嘴巴抿成一條線，可見得心情低落極了。雪上加霜的是，還有別班同學湊在走廊窗口看著、笑著，教室裡四十個座位的三十九位同學中，有人哈哈大笑，有個小男生還笑到飆淚。不過，仔細看也有一些同學並沒有取笑劉芳玲。

透過平板觀看學生的表情反應，我看到有些小朋友用手指去圈選那些沒有在笑的人，我問：「為什麼這些人沒有笑劉芳玲？」小朋友的回答很有意思：「因為他們是劉芳玲的好朋友。」、「因為他們報告的時候比劉芳玲還慘。」、「因為等一下他們也要上臺報告，他們也很緊張。」、「因為他們知道笑人家不對也不好。」

故事接續到這天晚上就寢時間，劉芳玲的房間窗外滿天星斗，小鬧鐘指向十一點四十五分，很晚了，懊惱又沮喪的劉芳玲無法入睡，襪子依舊丟在床邊，父母親則是在門外憐惜的看著。玲玲心想：「大家說這不是什麼天大的事，可是對我來說，它就是啊！」可見這件事影響玲玲甚巨。

最有意思的是，下一頁文字寫著「三十年後……」，時間一下拉到變成中年女性的劉芳玲。她走在三十年前上學走過的街道，景物有些維持不變，有些卻已改變。小朋友觀察畫面，說街道名稱還是一樣，漢堡店和書店也還在，但多了許多高樓大廈，人車也更多了。

故事來到劉芳玲穿著裙裝和高跟鞋要上臺的時刻，主持人說著：「現在，讓我們熱烈歡迎——劉芳玲女士！」這是一個大型的正式典禮會場，有掛著高高的布簾，還有坐在前排的人熱烈鼓掌。眼尖的小朋友發現貓咪的蹤影了，忍不住又開麥克風宣告：「貓咪在布簾後面探頭。」

再翻頁，是劉芳玲對著滿座的群眾發表談話：「非常高興能獲得這項榮耀⋯⋯」臺上的她依然呼吸困難、心跳加速又全身發燙。

我問小朋友：「劉芳玲獲得的是什麼榮耀？」因為小時候的玲玲上臺報告志願時，完全沒提到報告的內容，只有表現緊張心情與出糗模樣，小讀者無從得知她當時說了什麼。

小朋友從劉芳玲小時候總拿著一枝筆，猜想她可能是大作家。「登愣！猜錯了。劉芳玲到底得什麼獎呢？」學生不耐我的葫蘆裡賣藥，開麥克風喊著：「公布答案！」欸！自己發現更有樂趣呢！

於是，我回溯畫面讓小朋友觀察細節，推測她會獲得的獎項。

畫面回到玲玲小時候要上臺報告的前一晚，房門上貼著一幅畫，畫面上是城堡，書桌上也有一張塗鴉，這些畫面都很小，卻都是作者鋪陳的細節。牆邊櫃上也有一些看似積木的建築拼組。

畫面再翻到報告結束這天晚上玲玲的房間裡，原本掛在房門上的畫移到月曆上了，小朋友可以更清楚看到這是一座城堡，書桌上擺了一本書，但看不清楚書名，我放大特寫，書名寫著「奇妙的建築」。這時，每個人像按鈴搶答似的開麥克風：「建築獎！」、「蓋房子獎！」、「設計建築獎！」

故事回到頒獎典禮會場，答案揭曉了！劉芳玲捧著花束走下臺時，高跟鞋差點掉了，但她笑得好開心，書本末頁的畫面是報紙刊登的頭版新聞，她是「全球最年輕建築獎得主」！

珍視自己、珍愛家人、珍惜同學

故事讀畢，結束繪本分享畫面，切回會議視窗，每個人都是笑咪咪的滿足神情。我讓學生用雙手舉○或×的方式表達是否喜歡這故事，一個個雙手組合成的小圈圈綻放在頭上，全班都喜歡，我也喜歡呢！

「很有趣！」這是多數人回答喜歡的原因。「臉都畫得很好笑。」當然，這是作者專屬的「湯姆牛風格」，簡潔的幾何線條帶出圖像的趣味感。

這本繪本迷人之處是，儘管文字極少，但字字珠璣，結合了豐富的圖像，讓畫面非常生動，把劉芳玲害怕上臺的恐懼表現得淋漓盡致，讀者能心領神會的讀懂並產生共鳴。而書裡更有諸多細節值得細細品味，例如，貓咪象徵的寵物陪伴，學校裡真誠的同窗情誼，這需要捧讀紙本書比對和觀察細節，才更能領略本書的趣味和巧妙。

受限於時間及線上欣賞模式，我快速切入重點討論。

「知不知道為什麼老師要在暑假開線上繪本同樂會？而且第一本書就帶你們讀《最可怕的一天》？」我跟小朋友分享在期末評量「我會大聲朗讀」和「閱讀分享」中，大家表現得可圈可點，尤其過往一上臺就緊張的人，全部都「大進步」，令人刮目相看。

我希望透過這個故事勉勵小朋友，內向沒有關係、害羞也無妨，要欣賞自己，朝志願努力，就像劉芳玲一樣。所以，我送給小朋友的第一個閱讀金句是：「珍視自己，儘管內向害羞，你依然美好。」

接著，我再次分享畫面，將繪本畫面回到頒獎典禮上，臺下坐滿觀眾，劉芳玲發表得獎感言那一頁。我問：「觀眾裡有一對男士、女士互相牽著手，男士眼角流下感動的眼淚，他們是誰？」

一陣麥克風開啟回答著：「劉芳玲的爸爸媽媽。」小朋友反應真快！

「雖然媽媽抱怨劉芳玲亂丟襪子，但會為你們的成就高興流淚，永遠會為你們祝福的，就是爸爸媽媽。」所以，我送給小朋友的第二個閱讀金句是：「珍愛家人，讓家人以你為榮。」

畫面依舊停留在臺下坐滿觀眾，看劉芳玲發表得獎感言這一頁。

我問：「好多人來參加劉芳玲的頒獎典禮，當中有你們認得的面孔嗎？」作者湯姆牛真的很厲害，觀眾席上畫了一百六十個人，面孔表情各異其趣，真不容易。小朋友發現有些人是劉芳玲的小學同學，大家紛紛搜尋比對，用長相特徵來稱呼他們：「看到這個尖下巴的女生。」、「橢圓下巴女生也是她的同學。」、「厚嘴唇男生也來了。」、「刺刺頭男生也是。」大家找得不亦樂乎。

我直接做個小結論：「他們感情真好，三十年前是小學同學，三十年後來參加同學的頒獎典禮，希望你們也能像劉芳玲和她的同學一樣，維持很好的互動和感情。升上三年級會重新編班，沒有編在同一班一樣是好朋友。以後誰得獎，我們就一起去參加他的頒獎典禮。」

我看到鏡頭前的小朋友哈哈大笑，於是，我讓大家再舉個○和×來宣誓。「能一直當好同學的舉○，做不到的舉×。」一座座雙手形成的小拱橋又綻開在每個人的頭頂上，我擷取螢幕「拍照存證」，順便送上第三個閱讀金句：「珍惜同學，友情很可貴。」

小朋友對書中貫穿全場的小黑貓頗感興趣，我便順帶一提：「如果你害怕上臺講話，該怎麼辦？或是你對某些事感到恐懼的時候，怎麼辦？書中有沒有提供好方法？」

大家一點就通，開麥克風搶答：「貓咪！」是的！貓咪陪伴劉芳玲，是她最忠誠的好夥伴、好朋友。內向的孩子可以在父母的許可下養一隻寵物，不敢對眾人說的話，可以先對寵物說，心事也可以對寵物說。不能養寵物的，可以找一個像貓咪角色的玩偶陪伴你，這也是書中提供的好點子呢！

暑假的第一場線上繪本同樂會以《最可怕的一天》揭開序幕，這讓我感覺圓滿不留遺憾。我肯定學生的進步表現，也叮嚀同窗情誼的維繫，更重要的是，希望劉芳玲的故事能鼓舞每一個害怕上臺的小小心靈，以及激發「堅持志願」的築夢人生。

畢業祝福——有夢最美，努力圓夢

《最可怕的一天》這本書我覺得難能可貴之處是，畏懼上臺的劉芳玲一直堅持自己的興趣與理想，三十年後收穫夢想的職業和獎項，這「有夢最美，努力圓夢」的觀點很能鼓勵學生。此外，書中營造的同窗之情也很真實貼切，這兩個要素相乘，最適合分享給即將畢業的六年級學生了。

六年級學生面對蟬鳴高漲、鳳凰花開紅染雙眼的畢業時節總是依依不捨，紀念冊上留言相互祝福「鵬程萬里」、「馬到成功」、「築夢最美」。即將邁向新的中學學習階段時，我希望學生能思考自己的定錨，我帶他們讀《最可怕的一天》做為畢業的祝福。

繪本裡表現的真誠情感連高年級學生也喜歡。從劉芳玲總是帶著一枝筆、房間裡掛滿建築畫作與日後得到建築獎，學生可以猜到她當年報告志願時，就是與繪畫建築類相關。但我希望學生體會的是「要怎麼收穫，先怎麼栽」的道理，人生終究沒有憑空掉下的成功。

我擷取書本兩個圖像，一個是在臺上不知所措的小學生玲玲，另一個是上臺領建築獎的成人劉芳玲，兩個圖像中間，我畫了個大大的問號。討論時，我直指重點：「從『害怕上臺的小學生』到『全球最年輕建築獎得主』，這三十年間，劉芳玲做了些什麼？」小組討論後，把書寫的海報紙貼到白板上。

討論書寫──**三十年間，劉芳玲做了些什麼？**──

- 維持愛畫畫的習慣。
- 堅持理想，一直努力下去。
- 不斷參加比賽，也可能失敗過。
- 參觀很多展覽，參觀很多建築，用心觀察做筆記。
- 熬夜畫設計圖。
- 學習新的技巧，跟厲害的人一起工作。
- 讀相關的科系，讀研究所，去國外留學。
- 不懂就要請教別人，虛心、謙虛、不驕傲。

從學生的發表，可知道大家已理解成功的要素，那麼，接下來要努力的就是實踐。

時光膠囊，最美好的約定

「劉芳玲上臺報告『我的志願』，她有清楚的人生夢想，你是否也對自己想過『我的志願』是什麼？」我提出問題。

學生以為要模擬書中情境，有人警覺性的坐直身子，也有人躍躍欲試的問著：「所以我們要上臺報告『我的志願』嗎？」

我拿出卡片紙說明：「不上臺，但寫下來。」我要學生想想，一直以來自己的興趣專長是什麼？未來想成為什麼樣的人、從事什麼工作？小學六年以來，你的志願是否改變過？變與不變都無妨，都是人生的探索與學習。但此時此刻，你認真的想想，在小學畢業前夕，許自己一個美好的人生藍圖吧！

在播放張雨生《我的未來不是夢》的嘹亮歌聲中，學生在卡片上寫下自己的志願，裝入信封。寫些什麼，只有自己知道，這是與自己的內心對話。接著，大家把彌封的卡片放入我準備好的紙盒。我簡單跟學生說明時光膠囊是什麼，這個紙盒象徵時光膠囊，是現在與未來的連結。

我們討論了未來打開時光膠囊紙盒的時機，若像書中一樣是三十年後，屆時大家都四十二歲了。大家等不及，也覺得三十年太久了，最後達成協議是「大學畢業後的第一次同學會」。

我們在紙盒上寫下：「二〇一五年六月十日，竹大附小創造里」（之後更名為清華大學附小），大家輪流在紙盒上簽名。這個時光紙盒膠囊是一個約定，約定同窗情誼的再續；這也是一個見證，見證少男、少女的胸懷大志；這更是一個期許，期許對自我人生投注心力。

我也熱烈推薦《最可怕的一天》給家長，它提醒大人接納孩子的真實個性和興趣理想。不論害羞或膽怯，不論將來是成為建築師或是從事任何職業，大人的肯定，都將帶給孩子安全感與自信自尊，幫助他們成為更好的自己，「最可怕」會成長為「最美好」。

這樣帶孩子讀寫──《最可怕的一天》

共讀繪本推薦

- 《最可怕的一天》（小天下）

延伸閱讀討論及讀後活動

- 故事討論。
- 提出閱讀金句。
- 預約一場未來聚會。
- 寫下「我的志願」時光膠囊。

《最可怕的一天》
簡介

5 善良，你我做得到

主題繪本

- 《善良，我做得到！》（小天下）
- 《獅子與老鼠》（小天下）
- 《暴風雨的夜晚．狼與羊完全版》（遠流）

受疫情影響延遲了一年的東京奧運，終於在二〇二一年七月二十三日揭開序幕。征戰奧運是運動員的夢想，臺灣也有許多好手參賽，全民瘋奧運為防疫生活增添了不少話題及樂趣。低年級小朋友天真單純，除非大人提點，否則不涉世事及公共話題，我希望自己帶的二年級學生能關心奧運、接軌世界，因此我們聊奧運。

七月最後一個週一，照例是班級的暑期線上繪本開講時間。課程進行前，等待學生陸續上線進 Google Meet 會議室時，我先開啟麥克風以奧運為話題開端。多數小朋友知道奧運在日本東京舉辦，有的人跟著家人欣賞了奧運開幕轉播及部分精采賽程。我鼓勵小朋友多關注奧運盛事，這是認識世界、開啟眼界的好方法，關心國際事務是成為地球公民的準備。

有些學生從新聞報導知道臺灣已奪下第一面奧運柔道獎牌，我問小朋友是否注意到，金牌得主日本選手高藤直壽和我們的銀牌勇將楊勇緯都有「柔道耳」？小朋友第一次聽到這名詞，非常好奇什麼是柔道耳。

我解釋在柔道練習及比賽過程中，運動員的耳朵常常會激烈碰撞地板，或和對手身上的衣物產生摩擦，耳朵會受傷流血腫痛，長期累積之下，耳朵就會被壓扁變形，像水餃一樣。小朋友馬上想到「臺上三分鐘，臺下十年功」這句話，沒錯，拿下獎牌絕對是無數汗水、淚水交織才能享受的甘果。

看戴資穎揮拍善良

接著，我提到萬眾矚目的羽球女將戴資穎，她在奧運首場出賽就輕鬆取勝瑞士選手，小朋友哇啦哇啦的說著：「對啊，她好強！」、「她好厲害喔！」大家聽聞的可能是數據，如第一場出賽二十五分鐘就拿下勝利，但我在一則新聞報導中，看到了戴資穎的暖心舉動，這更是我想與學生分享的重點。

戴資穎在與瑞士選手對戰的賽前便已看出對手的腳受傷，因此比賽時並沒有使出刁鑽的吊球、殺球或網前戲弄，而是在為自己拿下勝利的同時，也為對手保留了尊嚴，讓對手沒有輸得太難看。小朋友馬上說出：「戴資穎好善良喔！」

善良！這個形容太美好了！四年一度的國際運動競技場，人人都以奪取獎牌為目標，但戴資穎能體貼入微的考慮對手立場，風度風範實屬難得，真的好善良。善良不是學問，是人品的表現，也是利己利人的幸福泉源。

共讀《暴風雨的夜晚．狼與羊完全版》，善良可以選擇

這天繪本同樂會，預計帶小朋友讀的繪本是《暴風雨的夜晚．狼與羊完全版》。疫情停課前，我們已讀過第一章〈暴風雨的夜晚〉。狼與羊為了躲避暴風雨，相遇在一間小木屋，因為光線昏暗，加上感冒使得嗅覺遲鈍，所以狼與羊不知道對方真實身分，

還以為彼此是同類，這個夜晚相談甚歡，更相約隔天一起午餐。狼與羊見面後會發生什麼事呢？學生們擔心著羊的安危，也好奇著狼的想法與做法。

因為疫情來攪局，直到暑假，我們才有機會共讀第二章〈晴朗的一天〉。故事精采之處是，狼與羊各自帶了便當赴約，也交起了朋友，但是狼不小心將便當掉落山谷，牠努力忍住饑餓、壓抑「咬一口羊」的慾望；山羊也喜孜孜的投入這一場約會，儘管扭傷了腳，但放心讓狼背著牠下山。山羊和野狼展現對彼此的信任，用心守護這段難得的友誼。

學生以「不可思議」形容這個故事。狼一向給人殘暴可怕的負面形象，竟然能和「食物」當朋友！我問：「狼與羊能成為朋友的原因是什麼？」小朋友認為狼有善良的一面，儘管饑腸轆轆，牠努力忍住了；小朋友又說羊的心地也很善良，所以羊看狼也是善良的。彼此都善良，就可以互相信任，發展友誼。

我問小朋友什麼是「善良」？大家嘰嘰喳喳說起六月時我在線上課程帶讀過的繪本《善良，我做得到！》，這本書令人溫暖又感動。「存好心、說好話、做好事」、「為對方著想」、「凡事想到別人」……這是小朋友的善良體會。

聰明是天賦，善良是選擇，美好的繪本會滋潤孩子的心靈與增長智慧，《暴風雨的夜晚．狼與羊完全版》是，《善良，我做得到！》也是。

疫情危機下，更需要表現善良

二〇二一年五月中，疫情升溫，人心惶惶，大家減少外出，於是餐點外送成為飲食模式之一；網路購物模式也夯熱，宅配到府方便迅速。

三級警戒的規定，讓用餐成了外送員或戶外工作者（例如，建築工人）的辛苦難事，新聞上見到工人或外送員蹲踞巷弄角落、遮遮掩掩扒飯果腹的畫面，實在令人心疼，他們是認真工作的人，卻招來鄙視或檢舉。

有民眾認為外送員到處送貨，接觸的人多，因而感覺他們「很髒」，會投以輕視眼光或無禮言語，或拿著酒精對送貨上門的外送員一陣噴灑。殊不知我們享受的便利生活，正是這些奔波豔陽下或風雨中的工作者，冒著感染風險堆疊起來的。

疫情危機下，新聞上常見到許多令人不忍與不解的事，對外送服務人員和醫護的既依賴又怕其帶來病毒的矛盾心理、搶購物資囤貨的醜態，或人我之間猜忌的表情、動作、言語，都讓人心更加不安。失去溫度的社會比病毒更可怕，我希望安居在家的學生對於滑滑手指頭就有美食和生活用品專送到府的便利，要感恩惜福，也要有體貼同理的心。

因此，線上課程我帶入繪本閱讀《善良，我做得到！》。這本書的源起便是善良之舉，希望為一個慈善基金會募款，以協助難民移民，書中集結了三十八位國際知名插畫家的生動繪圖，佐以簡潔優美的文字，分享善良的具體想法與做法。

繪本的封面是獅子靦腆的拿著一朵小花，想要送給小綿羊；封底是鳥兒在麋鹿的頭角上築巢，餵食雛鳥。封面、封底便有滿溢的愛，故事也展開溫暖。

在別人傷心的時候，靜靜聽他們說話。

伸手抱抱孤單的人，或握著感到害怕的人的手。

撿起別人掉落的東西、排隊時有耐心讓你更順心、玩遊戲時要關照每個人，向新搬來的鄰居釋出善意。

小貓掛在樹上下不來時，斑馬背上疊狐狸，狐狸背上疊鴨子，眾人同心齊力伸出援手。

另一幅畫面上，盛裝的公雞、狐狸、老虎、青蛙和狼等，欣賞並讚嘆站在向日葵上伸展優美舞姿的小老鼠。

不論國別、膚色、興趣、飲食是否迥異，相同的是，尊重與接納讓大家都成為善良的人。我好，你好，大家互好，世界也就更好了。

書本裡不論是動物們的互動，或是動物與人互助的場景，每幅畫面都柔美溫馨，圖文相輔相成，傳遞了美品善念。

其中，做一個「善良罐」的提議讓「表現善良」可以量化與產生質變，只要做一件善良的事，就可以放一顆彈珠或鈕扣到罐子裡。

我鼓勵小朋友如是做，也討論彈性做法。小朋友想到了餅乾盒、糖果罐、保鮮盒都可以用來當成善良罐，什麼都沒有的話，就自己折紙盒。有人提議用長條紙寫下做了什麼善良的事，再摺成小星星放進去；便利貼也可以拿來寫。

「老師，我可以做善良的事，但不要寫嗎？」當然可以，善良發自內心，這不是要繳交作業和評分。「老師，可以用數學附件的小花片來代替彈珠和鈕扣嗎？」很好啊！彈珠和鈕扣是舉例，花片、紙片都行，心意和實踐才是善良的內涵。累積一次次的小小善意，會匯聚成暖陽，成就大江大海般的豐盈心靈。

「勿以善小而不為。」對外送員微笑、跟社區打掃的阿姨說謝謝、好好的把垃圾袋交給垃圾車旁的清潔人員、居家防疫期間用好口氣及好態度跟家人說話、謝謝老師為大家選讀這本善良的繪本……這樣，你就做到善良了。

善良不分年紀，也不分高矮胖瘦，發自內心一個小小的善舉，都會帶來好的改變。

張開神奇大傘，讀報發掘善良

我喜歡帶學生讀暖心繪本，我相信閱讀「潛移默化」的效果，它不會擲地有聲，卻能往心裡播下一顆美好品德的種子。

我們也讀過《神奇大傘》。在雨中張開一把傘，原以為傘下空間有限，但只要展現愛與包容、接納與尊重，傘面可以神奇的張大再張大。慢跑的人、芭蕾舞者、小狗、小鴨或怪獸，歡迎你們進來傘下躲雨。

配合讀報指導，二年級學生慢慢會看《國語日報》，我也帶學生閱讀「善良的新聞」。這是一則圖片新聞，畫面上是一個大人趴在地上對一個坐在地上哭鬧的孩子溫柔說話的模樣。原來這是個自閉症小男孩，因為媽媽改變了他習以為常的回家路線，讓他一時無法適應而產生情緒困擾的哭鬧起來，一個路過的大人趴在地上用「和他相同的高度」跟他說話，安撫他的情緒。小朋友說，這則新聞太讓人感動了。

善良可以選擇也可以學習，透過閱讀繪本或讀報，我希望學生知道，最小的善行勝過最大的善念。善良帶來內心的踏實與祥和，疫情之下容易焦慮，多閱讀人性之美，學習做個善良的人，人人都有溫暖他人的強大力量。

共讀《獅子與老鼠》，以強扶弱才是真強者

狼可以和羊交朋友，獅子與老鼠也可以發展友誼嗎？和《暴風雨的夜晚．狼與羊完全版》有異曲同工之妙的故事，就是《獅子與老鼠》。

《獅子與老鼠》是眾所熟悉的伊索寓言，也有人稱做《老鼠報恩》，這個經典故事以

各種面貌被傳誦閱讀著，如繪本、童話、動畫、床邊有聲書等。其中我最鍾愛的是傑瑞・平克尼（Jerry Pinkney）無文字版的繪本。

這本書我特別推薦給高年級學生閱讀。高年級孩子的身心發展開始有了明顯變化，言語、表情、動作又直又猛，同儕相處好惡分明，有時候課業成績或人際關係占優勢的強者，在態度上會表現對弱者的欺凌與輕視。「你笨喔！」、「走開啦！」、「這很簡單你也不會喔！」、「喂！拿來！」、「我有欺負你嗎？我有嗎？沒有啊！」

這些語言很傷人，但高年級學生一點也不在意。真正的強不是強勢之姿，真正的強者不會貶低別人，能以強扶弱才是真正的強者，就讓《獅子與老鼠》來述說善良與勇氣！

繪本封面是獅子微微往左看，封底是老鼠向右看，把封面、封底整個張開，就變成了獅子與老鼠對看的畫面，雖無言語，但彼此眼神有萬千情意。

翻開書頁，是大草原上各式各樣的動物互不干擾、各自悠閒的共榮景象。

故事正式開始於萬籟俱寂中，一隻老鼠從石縫中鑽出，站在石堆上。這本書只有少數摹聲文字，頁面上寫著「呼呼呼——」，我問學生這是什麼聲音？「風聲」、「動物的打呼聲」，無文字書真的很能開啟讀者的想像力。

我再問學生這個時間點是什麼時候？學生指著書頁左上帶著點點星光的一輪圓月，再指向另一側已隱約出現的曙光，說道：「天快要亮又還沒亮的時候。」孩子們的觀察力真的很敏銳。

「嘎——」突然出現一隻張翅舞爪的貓頭鷹，老鼠機警鑽進石縫，緊接著從另一端鑽出來，安然躲過了貓頭鷹的襲擊。老鼠在草堆裡爬上爬下，獅子的毛色和枯黃的草堆很相像，老鼠竟爬到了獅子背上。

「吼——」獅子伸爪攫住了老鼠，拎著牠的尾巴讓牠倒掛著，一聲獅吼和張嘴的利牙展現出氣勢。獅子身軀龐大、威風凜凜，老鼠只有獅子的掌心大小。獅子用兩個前掌壓著老鼠，只需輕輕一捏，老鼠便要粉身碎骨了。

凶怒的獅子和受到驚嚇的老鼠眼神對望，學生說獅子責怪老鼠吵醒牠，老鼠不斷討饒。

後來，獅子放走了老鼠，老鼠回到窩裡，一窩小老鼠吱吱吱的叫著，牠們正期待著爸爸（或媽媽）的回來。

獅子頂著一頭濃密鬃毛，雄壯威武、昂首闊步的走著，萬獸之王捨牠其誰。

獵人開著捕獸車來了，車子駛過地面揚起灰塵和聲響，引起動物們一陣騷動。獵人用繩索布置了陷阱，作者用高空鳥瞰圖表現獅子走在地面上渾然沒有覺察危險逼近，而高高盤據樹上的小鳥和猴子則替獅子緊張著。

一個特寫帶進獅子踩到繩索，被從天而降的繩網困住吊起，儘管牠有尖牙利爪，但緊密的織網讓牠動彈不得。作者連續用四個小圖表現老鼠遠遠聽到獅子的痛苦吼聲趕緊前來查看，老鼠在樹上、樹下、爬上、爬下觀察研究著，再沿著繩索爬到獅子面前，牠和露出痛苦表情的獅子對看。學生說，老鼠告訴獅子自己會營救牠。

接著，老鼠用牙齒「喀嚓喀嚓」的咬著繩索，咬斷這邊換那邊，上上下下在各個繩索打結處賣力的咬著、忙著。終於，繩索脫落，被掛起的獅子掉落地面得救了，獅子站起來看著地面上的小老鼠。隨後，老鼠拖咬著一個繩結在石縫間鑽進鑽出回到鼠窩。幼鼠們有的上前咬著繩結，有的在一旁觀看。

我覺得老鼠帶回繩結的畫面很有張力，我問學生這繩結代表什麼？

「是光榮的象徵。」

「牠給自己的獎章。」

「牠要向孩子證明自己的能力和實踐承諾。」

「牠把繩索當玩具送給小老鼠。」

「牠把繩結帶回窩裡是要小老鼠練習咬繩子，以後遇到相同情形就知道如何救其他動物。」這些回答都很棒，但我尤其喜歡這個「練習咬繩以備不時之需」的說法。這個繩結象徵家族榮耀，也是自信的傳承，代表「我們老鼠雖小，但我們是英雄，也是勇者。」

故事結束在獅子家族與老鼠家族一起散步在草原上，老鼠們安然舒適的坐在獅子背上，草原上一片祥和溫馨。

善良與勇氣是美好的價值

閱讀故事之後，我拋出幾個問題：

- 獅子是如何想的，牠才能超越天生野性，放走擾牠清夢的老鼠？

- 老鼠是如何想的，牠才能以小博大，憑一己之力救了獅子？
- 獅子與老鼠真的可以交朋友嗎？關鍵因素是什麼？
- 這個歷久彌新的故事，想傳遞什麼訊息或觀點？

學生討論後有以下的發表：

學生說獅子是大型的肉食性動物，牠的主食並不是老鼠，老鼠肉應該不是「獅子的菜」，因為不曾聽說老鼠是獅子的食物鏈名單。雖然好夢正酣時被打擾會火冒三丈，但獅子是萬獸之王，王要有王者的氣度，壓扁一隻老鼠可能會立下臭名，吃掉一隻小老鼠也只能塞牙縫，加上獅子想到老鼠也有家人等著牠回去，「惻隱之心，人皆有之」，只要起心動念（善念），獅子就能放走老鼠了。

老鼠給人的印象很機靈。牠被獅子捉住時，如果不討饒，一定小命不保，這時牠可能想到家人正等著牠回去，想到家人，就會生出源源不絕的勇氣，任何事情開口爭取就有機會。

老鼠應該有對獅子許下承諾，當獅子落難時，老鼠便要實踐諾言，發揮自己的長處（咬功）。小小的老鼠救了大大的獅子，對自己說過的話負責，也是自我成就，更是幼鼠的榜樣。如果老鼠見死不救，應該會良心不安。

起初，獅子饒老鼠一命時，應該沒想到日後老鼠也會救牠一次。未來會發生什麼事很難預測，強弱沒有一定的標準。「江湖在走，品格要有」，勇氣、善良、負責、建立自我形象，這些都是美好的品格，我們應該和他人維持良好的互動，彼此互助。

有句話說「非友即敵」，這句話不正確，我們也可以「化敵為友」，只要一個轉念，對手可以變隊友。

一番討論辨析之下，這個經典故事展現善良與勇氣是美好的價值，希望學生都能體會到本書所欲傳達的：「即使是國王，有時候也需要幫忙；即使長得弱小，也可能成為最重要的朋友。」

想像轉文字，故事更具體

讀無文字書時，讀者可以透過視覺發揮想像力，如果把想像轉成文字表述，也就讓故事更具體了。繪本畫面中，獅子與老鼠數次眼神交會，這絕對有對話產生。於是，我設計對話寫作，圖文轉譯，讓角色更有真實感之外，也讓學生展現閱讀理解。

我選取四個獅子與老鼠眼神交會的畫面，讓學生揣摩兩個主角所處情境與心情，寫下牠們之間會說的話。

- **第一場對話**：獅子被老鼠吵醒，生氣的獅子壓住老鼠質問牠。
- **第二場對話**：獅子落入陷阱，老鼠前來營救，跟獅子四目對望。
- **第三場對話**：老鼠咬斷繩索後，獅子得救，彼此對看。
- **第四場對話**：老鼠家族與獅子家族在草原上散步。

寫作練習——**獅子與老鼠的對話**——匀甄

第一場對話

老鼠：「獅子大王饒命啊！我是不小心的，我家裡還有孩子等著我回去，您饒我這一次，我一定會找機會報答您。」

獅子：「你好大的膽子，竟敢吵醒我！看在你苦苦哀求的分上，我就放了你。你也別說大話了，你那麼小能報答我什麼，走！快走！」

第二場對話

獅子：「老鼠，救救我，我好痛苦，快要不能呼吸了。」

老鼠：「獅子大王您忍耐一下，我會把繩子咬斷救您的，我說到做到。」

第三場對話

獅子：「謝謝你，沒想到一隻小小的老鼠真的有大大的用處，對不起，以前我太小看你了。」

老鼠：「救您是我該做的，看您那麼痛苦我也很不忍心，家人一定也在等您回去。」

第四場對話

老鼠：「以後老鼠家族和獅子家族就是好朋友，需要咬斷東西交給我們就行了。」

獅子：「人不可貌相，老鼠真的很了不起。出外靠朋友，就讓我們互相照顧吧！」

學生展現的想像力，為這本無文字的繪本增添了手采。

善良，是世界的通用語言

疫情微解封後，八月三日小朋友終於能到學校收拾物品，難得全班齊聚一堂，我也趁機用兩張照片銜接《暴風雨的夜晚．狼與羊完全版》的繪本閱讀，以及延續奧運話題。

一張是戴資穎羽球決賽摘銀後，和印度選手辛度（Pusarla Venkata Sindhu）合影的畫面。辛度輸給戴資穎，獲得銅牌，她在戴資穎苦戰陳雨菲敗下陣後，上前擁抱戴資穎，讚賞她的精采表現，並說她感同身受，真誠的鼓勵讓戴資穎感動不已。世界級的頂尖好手彼此競爭，但也惺惺相惜的互相打氣激勵，暖心的辛度在球技和氣度上，不愧是印度一姐。

另一張是兩位田徑選手相擁的畫面。主角之一是肯亞運動員穆太（Abel Mutai），他曾在二〇一二年倫敦奧運三千公尺障礙賽贏得銅牌。在一場於西班牙舉行的比賽中，穆太誤以為終點前十公尺的氣球拱門是終點，於是停下腳步，以為自己跑完了，場邊觀眾不斷喊著提醒他，但語言不通的穆太依舊沒發現自己的失誤。

後方跟上的西班牙跑者費南德茲（Iván Fernández Anaya）大可趁機一舉超前奪金，但他沒有這麼做。他引導穆太通過終點線，穆太是金牌得主，費南德茲拿了銀牌。當記者問費南德茲：「如果你沒有推他，你就贏了。」費南德茲說領先的是穆太，這場勝利本就屬於穆太。費南德茲說：「我贏了會開心嗎？這面獎牌代表的是什麼？」善良的費南德茲提醒穆太往前跑的畫面傳遍世界，這才是運動家的精神。

善良，讓世界充滿愛；善良的人比較容易快樂；善良的人更勝於偉大的人。

透過繪本閱讀，我們感受善良、學習善良；繪本教會我們善良，奧運亦如是。

共讀繪本推薦

- 《善良，我做得到！》（小天下）
- 《獅子與老鼠》（小天下）
- 《神奇大傘》（小天下）
- 《暴風雨的夜晚．狼與羊完全版》（遠流）

延伸閱讀討論及讀後活動

- 以「善良」為主題展開閱讀討論。
- 進行《獅子與老鼠》可以發展的對話寫作（配合附錄《獅子與老鼠》寫作學習單）。

《善良，我做得到！》、
《獅子與老鼠》、
《神奇大傘》
簡介

▪ 讀報看新聞，關注善良議題。

▪ 製作「善良罐」，表現善良，儲蓄善良。

\ 附錄 /

《獅子與老鼠》寫作學習單

班級：＿＿＿＿＿＿＿＿＿＿

座號：＿＿＿＿＿＿＿＿＿＿

姓名：＿＿＿＿＿＿＿＿＿＿

日期：＿＿＿＿＿＿＿＿＿＿

書名 《獅子與老鼠》（小天下）

作者 傑瑞．平克尼（Jerry Pinkney）

故事地圖

非洲大草原上，老鼠為了躲避貓頭鷹，意外爬到獅子身上。被打擾的獅子氣憤的抓起老鼠，但看著弱小的老鼠又心生憐憫，便放走牠。不久，獅子落入獵人設下的陷阱，老鼠為了報恩啃斷繩子，救出了獅子。兩個原本不可能成為朋友的角色，學會了「勿以善小而不為」。

寫作練習

揣摩獅子與老鼠所處環境與彼此互動情形，寫出對話內容。

下載學習單

第一幕：老鼠落入獅子手中。

第二幕：獅子被繩索困住，老鼠前來營救。

第三幕：老鼠咬斷繩索，獅子得救了。

第四幕：獅子家族與老鼠家族一起散步。

6 誰都想當第一名

主題繪本

■《得不到也沒關係》（小天下）

從小我們常被教導要追求成功、避免失敗，但一旦目標落空要如何面對挫敗？挫敗帶來的失落大家都不喜歡，但人生又何嘗保證次次達標、件件事都能成功。

校園裡也會有競賽，學藝競賽、競選活動或體育競賽等。有比賽就有勝負，勝了固然高興，但也可能得意忘形；落敗的話，學生是否能成熟的處理情緒，這都需要引導。

對於競賽，我一直秉持「過程比結果更重要」的信念，不太在意名次，不希望學生把勝敗看得嚴重，產生太大壓力。但是就算老師不在意，學生也會有自己的內心小劇場，很把勝負當一回事。

我很努力，但我的心情不美麗

在疫情稍稍舒緩的二〇二〇年秋季，學校熱鬧迎接八十週年校慶。二年級的競賽項目有五十公尺個人田徑賽以及班際趣味競賽。

這次趣味競賽名稱是「小主廚帶球跑」，比賽方式是將軟式棒球裝在大湯勺裡，小朋友拿著湯勺往前跑到定點折返，繼續跑回原位交給下一名跑者。如果中途棒球從湯勺裡滾落，小朋友必須把球撿回來，跑者要回到方才球落下的位置才能繼續前進。最快全員完成傳接的班級即獲勝。

這個看似容易的活動其實不簡單，跑者手腳要能靈活並用。若求跑步速度快，球容易滾出；用走的可讓拿著湯勺的手比較穩定，但就拖慢了速度。

趣味競賽開始了！小朋友緊張混合著興奮之情全寫在臉上，人人使出渾身解數，加油聲震天價響，家長應援團更是激動。

比賽進行到尾聲，眼看著別班穿著背心、代表是最後一棒的選手就要出發了，我們班還有好幾位小朋友停留在等待線後。其他班陸續喊出「YA！完成」，我們班則是場上一枝獨秀，幾位小選手依序完成任務，我們獨享場上的加油聲和掌聲。

比賽結束，裁判立即宣布名次，在二年級的四個班級中，我們班是「第四名」，歡呼聲甚是虛弱。趣味競賽嘛！我認為趣味比較重要，全班共同完成任務就好。我跟小朋友說聲辛苦了，讚揚大家都表現得很好，我們便回到教室喝水、擦汗，略事休息。

一會兒之後，我吆喝孩子們起身整隊，一起去觀賞大隊接力，為中、高年級學長姊加油。沒想到小方重重嘆了一口氣說：「沒那個心情！」

低年級小朋友有一種「鸚鵡學話」的本事，就是聽到別人說什麼，常會跟著模仿複誦。聽到小方這句話，大家好像認同似的紛紛跟著說：「對嘛！我們沒那個心情！」、「沒心情看大隊接力啦！」

學生的反應讓我有點訝異，平日見他們有時語彙能力不太夠，這下竟如此大人口吻的說：「沒那個心情！」

「就因為輸了趣味競賽嗎？」我問。

「對啊！」

「有盡力就好了，大家開心就行了，我也沒有說一定要拿第一啊！第幾名都很好。」

我平靜的說著。

「可是我們想要第一名啊！」、「第四名就是最後一名。」學生有些激動了起來。

「你們想要第一名，別班也想要第一名，大家公平競爭，各自努力。四個班級總會分出第一名到第四名。第一名很好，最後一名也沒關係！我不會用競賽名次要求大家。」急著要出去看大隊接力，我劈里啪啦說了一串，就是想告訴學生，老師我不在意名次，你們也不用掛在心上。

這時，小方指著牆壁上掛著去年趣味競賽第一名的錦旗說：「我們去年就第一名哪！為什麼今年我們不是第一名？」

我恍然大悟，原來有的學生思維是這樣想的，一年級的第一名讓他們以為升上二年級理應蟬聯第一名。

其他學生又鸚鵡學話起來：「對嘛、對嘛！去年我們就第一名啊！」

我擔心學生是怕我失望，我再次強調：「大家都盡力就好了，名次不重要，我們也要學習欣賞別人的成就。」

沒想到小朋友不買帳，坐在椅子上不肯動，嚷著：「唉！沒那個心情。」

孩子們竟然固執了起來！我不願教室裡瀰漫哀怨情緒，更何況運動場上活動緊湊熱鬧，外頭大隊接力比賽就要開始了，我們應該快去共襄盛舉才是。我稍稍板起臉孔，以比較嚴厲的口氣（要學習溫柔是我的課題）說：「第四名好得很！全部打起精神來！去看大隊接力！現在！整隊！」學生驚嚇得趕快起身整隊出發到操場。

直到運動會結束，學生沒有再提起趣味競賽話題。放學前我交代功課，這天小日記就以運動會為主題，寫寫運動會上體會最深刻的事。

共讀《得不到也沒關係》，過程比結果更重要

連著週日和週一的補假，再次上課已經是週二了。

這天改著小朋友的日記作業，大家寫運動會的事倒也沒人提到趣味競賽輸了很難過，不知是小朋友忘性快，還是人的本能裡，真的比較容易記住快樂的事。但我記掛著小朋友先前在意的「不是第一名」，已利用假日掃描繪本做好投影片，準備要帶大家讀繪本囉！

打開單槍投影機，電子白板上出現書的封面，有個小男孩抬頭凝視著架上的紅色小車，書名是《得不到也沒關係》。小朋友可以預測主角是小男生，他想要紅色小汽車。

故事開始了。

在老師的獎品櫥櫃裡，那輛流線造型動力佳的紅色迴力車一直是佑辰的目標，他用心盡力做好分內事，也熱心班上公共事務，一心一意爭取表現收集戳章。其他同學也努力收集著戳章，人人有心目中想望的獎品。

小昕是佑辰的鄰居兼同學，每天早上，佑辰和小昕結伴到小昕奶奶經營的早餐店吃過早餐再上學。自從附近開了另一家早餐店後，小昕奶奶店裡的生意下滑，因此，小昕一心想著，希望能夠兌換小招財貓存錢筒，擺在店裡招來好運氣，帶來生意。小昕的強勁對手是羽琦，她的目標也是招財貓。

人人有各自想要的獎品，人人努力收集戳章。紅色迴力車需要一百個戳章兌換。小招財貓存錢筒則需要八十個戳章。

故事推進，小昕已經集到六十五個戳章，羽琦有八十個戳章，佑辰有九十三個戳章。其他人也虎視眈眈熱門獎品，急起直追。

佑辰很快就可以換到朝思暮想的紅色迴力車，但他知道小昕想要招財貓。

小朋友很入戲的說：「糟了！招財貓要被羽琦換走了。」、「佑辰你趕快去換招財貓啊！」我停了下來，大家紛紛催促我繼續看下去。

情節有了小轉折，羽琦因為頂撞師長，被扣了一點，戳章只剩七十九個，而佑辰已有九十八個章，很快便可以累積滿百換獎品了。

畫面上的佑辰站在聚光燈下，他的頭頂有想像圖，右側是招財貓，左側是紅色迴力車。他低頭深思，看著手上的戳章集點卡，他到底該選那個好呢？他正面臨一個選擇題。

故事讀到這裡，我停下來問小朋友：「怎麼辦？」

我們進行角色扮演，讓孩子們把自己當成是佑辰，考慮清楚後做決定，到投影在電子白板上的禮物前站定，同時還要說明選擇的理由。

一陣騷動，全班二十八個孩子裡，除了兩個小男生站到紅色迴力車那邊，絕大多數人都選擇了招財貓。

有個孩子指著選紅色迴力車的兩個小男生說：「齁……你們完了。」

我請他收回伸出的食指，說明這沒有標準答案，我們先聽聽看同學們的理由。我請小朋友用第一人稱「我」來說，這樣更可深入模擬感受主角心情。

選擇紅色迴力車的孩子說：「我真的就很喜歡迴力車，我也收集很久了，我換到迴力車可以跟小昕一起玩，她也會很開心。」、「我可以把迴力車放到小昕奶奶的早餐店，大家看到漂亮的迴力車會進來吃早餐。」小朋友言之成理，能表明自己的想法很好，其實這兩位選迴力車的孩子不只想到自己，也有兼顧他人呢！

接著是選擇招財貓存錢筒的人發表看法。

「小昕奶奶對我那麼好，我要感恩報答啊！」大多數小朋友都這麼說。

「我這次得不到車子沒關係，下次再換就好了。」
「紅色汽車是『想要』，招財貓是『需要』。『需要』要排在『想要』前面。」
「如果換招財貓可以讓早餐店生意變好，沒有迴力車也沒關係。」
「助人為快樂之本！」
「我家已經有很多車子了，小昕奶奶比較需要招財貓。」
「要敬老尊賢，要讓小昕奶奶高興，因為她對我很好。」
「如果早餐店生意沒變好，早餐店可能會關門，大家都會很傷心，我也吃不到早餐了。」
小朋友的說法都能支持自己的決定，可以看得出在思考過程中，能把「利他」放在「利己」之前。
我請孩子們回到座位，故事繼續進行。
佑宸回憶起從小就常常受到小昕奶奶的照顧，這讓他有了決定。果然，佑宸換了招財貓存錢筒（小朋友竟然鼓掌起來）。小昕感動萬分，而招財貓似乎也發揮了神奇力量，早餐店顧客慢慢回流，聽到客人稱讚招財貓可愛，佑宸開心的笑了。

家豪換走了紅色迴力車，他大方的邀請佑辰和其他同學一起玩，佑辰想著：「得不到也沒關係啦！」故事畫上句點。

我問小朋友對這個故事感覺如何？他們說對故事結果很滿意。「沒有換到迴力車，佑辰是不是損失了？」我問。小朋友一致說沒有，認為這件事更加鞏固了他和小昕的友情；還說換到車子的家豪一定也很感謝他。又有人說車子最後可能會玩到壞掉，可是友情會一直持續到小學畢業，甚至到以後。

我在白板上寫下三句話，問小朋友認同這些說法嗎？

- 助人為快樂之本。
- 施比受更有福。
- 得不到也沒關係，過程比結果更重要。

小朋友們同意，認為這就是作者在故事裡要表達的想法。

「『獲得』和『損失』不一定是具體可見的物品，有時候是心情感受，也可能是無法測量或摸不到的東西，例如友情。」我做了簡單結論：「迴力車，得不到沒關係。」

挫敗不可怕，要從失敗中學習

接著，就是要處理三天前趣味競賽的「沒那個心情」了。

我把「一〇九學年度運動會二年級趣味競賽第一名」的錦旗拿出來，掛在教室白板正中間。小朋友轉頭看著牆上公布欄，去年（一〇八年）的第一名錦旗依舊在原位，大家納悶著眼前這面錦旗從何而來？我說這是從冠軍得主二年三班借來的。

我再把《得不到也沒關係》這本書擺出來，就放在錦旗下方。我問孩子們，讀這本書和這面錦旗有什麼關聯？

孩子們說：「老師想讓我們知道得不到第一名也沒關係，有努力就好。」

上週六落敗後，雖然大家鬧了點小脾氣，但我今天才有機會大力稱讚他們，沒有聽到任何人怪罪比賽中掉球或跑得比較慢的同學，這點最值得肯定。

我說：「在趣味競賽時有認真參與、小心不讓球掉下來的小朋友請舉手。」每個人都把小手舉得又高又直，連帶身子都坐直了。我說：「大家都盡力了，都想為班級爭取榮譽，很有運動家的精神，這樣很好。」

「別班同學在比賽時，是不是也會努力為班級爭取好名次？」我問。

「你想得第一，別班也想得第一，人人都想得第一，這是公平競爭。」我說。

「因為好想得第一，太想得第一了，所以輸了比賽心情會難過，得不到會傷心，這是很正常的。」我希望小朋友接納自己的情緒，允許自己有適當的情緒反應。

「傷心難過得太久或太嚴重也不好，這時該怎麼辦？」我希望小朋友對於情緒處理可以有更積極或正向的應對轉換。

「下次更努力就好了。」小朋友說。

「繼續為自己加油打氣，這是好方法。還有呢？我們來想想看，有什麼好方法可以幫助面對『得不到』或『挫折失敗』的難過心情。」我說。

小朋友一時間反應不過來，我做了個深呼吸的動作，孩子們秒懂，大聲說：「深呼吸！」大家想起來了，小朋友之間若有爭執，或是得意忘形嗨過頭止不住時，我常要他們先深呼吸，深深的吸氣，慢慢的吐氣，多深呼吸幾次，可以幫助自己緩和情緒。

「轉移注意力也可以。大家想想，輸了競賽已經是事實，如果我們一直想著『輸了輸了』，默默在教室裡難過生氣，對事情一點幫助也沒有。」我說。

「所以老師叫我們去看大隊接力比賽。」小朋友被點通了。

「對，我們去看大隊接力是不是轉移了對『最後一名』這件事難過的感覺？」我問。

小朋友同意，還有人說一下就忘記了，因為大隊接力很刺激，讓人忘記難過了。

「還有一個方法——寫下來，做心情紀錄。」我說。

「當你真的為『得不到』而難過傷心，甚至吃不下、睡不著，這時不如把你的感覺全部寫下來，讓心情發洩一下。」我提出用「書寫」做為自我觀照的方式。

我在白板上畫一個六階的情緒樓梯，說明樓梯爬得愈高表示心情愈難過。遇到挫敗的事，可以在當下或每天或隔個兩、三天不斷檢視自己站在哪個樓梯臺階上，大多時候我們會發現，隨著時間過去，難過的情緒不再那麼強烈。

小朋友說剛比完趣味競賽時，就像站在樓梯最高點，既不甘心，而且又生氣、又傷心。我再問：「現在站在哪兒呢？」很可愛的，孩子們幾乎一路往下溜到平地了。

我問小朋友，過去是否也常有得不到而感覺懊惱的事，但這些事現在還記得嗎？孩子們說忘記了。是啊！大人可以協助孩子比較一段時間後的情緒差別，時間也可以是帖良藥。

「大家都說『下次再努力』，這是積極的做法。如果我們真的很希望下次要得名，就要用對方法練習，可以去請教優勝班級怎麼做到的。例如，你想要考試成績進步，除了自己努力，也可以問問考得好的同學怎麼做到的，請教他人可以讓自己獲得寶貴經驗。」我說。

面對「得不到」，除了接納自己，還可以欣賞他人。「二年三班也有你認識的同學朋友，如果你能真誠的恭喜他們得到第一名，那就表示你是情緒成熟的人。」我說。

我指著先前白板上寫的「得不到也沒關係，過程比結果更重要」，再指著方才逐條寫下的「得不到也沒關係」處方，希望孩子們在這次趣味競賽中，學習到人人都會經歷挫敗，所有坐立難安和焦慮緊張都會好起來的，甚至我們要熟悉挫敗感，謹記挫敗並不可怕，或許挫敗能教我們的，比成功還多！

—轉移挫敗失落感的方法—

- 深呼吸。
- 轉移注意力。
- 寫下來。
- 恭喜對手並向其請教。

強化挫折忍受力，才是王道

原以為關於這次競賽失利的討論就到這裡了，沒想到有個小朋友興致一來問我：「老師，你失敗過嗎？你曾經想要又得不到嗎？」

我的失敗故事可多著呢！想來，小朋友也想知道大人的經驗。

我分享了一個參加比賽的經驗。有一次，我看到一個教案比賽的訊息，最高額獎金三萬元很吸引我，比賽主題是「資訊融入教學應用」，我心想這就是教學工作日常，於是我花了點時間製作檔案參賽，而且對自己的作品深具信心。沒想到縣市初選我就落馬了，遑論進到全國賽。

小朋友問：「老師，你會難過嗎？」難過倒不會，我個性一向樂觀，只是想著是哪裡做得不夠好。後來我看了得獎作品，才發現自己差遠了，人外有人、天外有天，我可以精進的地方多著呢！但我在備賽過程不斷梳理教學經驗，覺得自己挺有收穫，得獎與否就不那麼重要了。

之後，我又看到一個五萬元獎金的比賽，這次是「實習輔導」的相關主題，我想這也是學校工作日常，便又想參賽。這次我更謹慎、更細心、更耐心的準備。有了上次的失敗經驗，我不敢狂妄預估勝算，我勉勵自己能參加就是威，有得獎最好，沒得獎也ＯＫ。準備過程中我一而再、再而三的反思整理，不斷產生新想法和體會，日後也不斷回饋到自己的教學工作，讓自己更精進，這過程彌足珍貴。

學生聽得津津有味，追問著：「老師，那你到底有沒有得獎？」有啦！我得獎了！從縣市初賽再到全國賽，得獎了！

「哇！好多錢喔！老師請客！」孩子們 high 起來了。

「哎……這好幾年前的事，獎金早就花完了……」我終止了獎金請客這個話題。

孩子們，一年級的第一名是好事，二年級的最後一名也很好，這次經驗讓我們知道，原來不見得每件事情都會如願以償。失敗乃兵家常事，挫折乃人之常情，挫敗常是生活的一部分，我們要接受挫折並從中學習，直到可以樂觀的描述失敗，建立自己的挫折忍受力，提高 AQ 強度。

這樣帶孩子讀——《得不到也沒關係》

共讀繪本推薦

- 《得不到也沒關係》（小天下）
- 《愛哭也沒關係》（小天下）
- 《慢一點也沒關係》（小天下）

延伸閱讀討論及讀後活動

- 配合生活真實情事，引發話題。
- 討論閱讀心得及故事意涵。
- 角色扮演，體會主角心情。
- 銜接生活情事，討論「得不到」的情緒反應。
- 討論轉化「得不到」的負面情緒的積極做法。

《得不到也沒關係》、
《愛哭也沒關係》、
《慢一點也沒關係》
簡介

7 杜絕霸凌，培養同理心

主題繪本——▪《蠟筆小黑》（小天下）

某日午後，我的LINE裡傳來一則訊息：「葉老師，我要諮商，有沒有『簡易、可行、好操作』的班級換座位方法？」

請求救援的，是在他校擔任高年級導師的雯雯老師。她寫著：「每次幫學生換座位總是有人哭或吵架，不滿意我安排的座位，弄得我不知如何是好。這兩天考完試又要換座位，我開始焦慮了。」

我立即回覆：「當然有簡易、可行、好操作的換座位法，讓學生自己選位子就行了。」

「這樣可以嗎？讓學生自己選位子？那豈不天下大亂？」雯雯老師傳來驚嚇表情貼圖。

同理心，圓滿美善人生

的確，換座位這件事在班級事務裡是個大工程。每隔一段時間，老師們都會將座位做大幅或微幅調整，讓坐在教室左右兩側的學生不至於固定某個角度看向前方白板或螢幕，這是視力保健和顧及頸椎姿勢的考量。再者，課堂上我們常以分組方式讓學生討論共學，適時的調整座位，可以促進團體互動，流動教室學習氣氛。

「換座位」這工程是師生各自有心思，老師們總費心思量安排最能促進學習及最有利班級經營的座位，學生們則是「既期待又怕受傷害」，心中會有「想」與「不想」的芳鄰對象。

「讓學生自己選位子，他們一定找自己的麻吉坐在一起啊！這樣上課會很愛講話。」雯雯老師的擔心隨著文字傳送過來。

「我們同理一下學生嘛！跟自己喜歡的人親近是人之常情，就像我們開會或研習，不也喜歡找自己熟識親近的人坐在一起。」我回覆。人同此心、心同此理，班級經營亦如是。

「那麼，好朋友坐在一起愛講話怎麼辦？」雯雯老師操煩著。

「同理心在前，訂規則在後。如果擔心學生自選座位形成小團體，干擾上課秩序，那就先約法三章。例如，我會跟學生說：『我知道你們想自己選座位的心情，然而課堂秩序不能踰矩，我們師生互相同理一下。若好朋友坐一起，上課時間卻聊個不停，所談的都與課堂學習無關，數次提醒無效後，那就聽我安排換座位。』」我說。

老師接納學生感受、尊重學生的想法和選擇權之外，我認為「遊戲規則」也要說清楚。只要講清楚了，不用處處把學生當賊般防著。

「班上總有一、兩個不受歡迎的人，怎麼處理？」雯雯老師繼續問。

「很簡單，溫情喊話。」我說。

高年級學生性情愈加好惡分明，對同學的喜愛或厭煩常常毫不掩飾直接形於色。但我認為「人性本善」，因此「動之以情」也是能產生效果的。

「我會說：『還有兩位同學沒有辦法入座，空虛寂寞冷的感覺不好受，把自己當成別人，把別人當成自己，誰能像哆啦A夢一樣伸出圓（援）手，你若真善美，我也謝謝你。』」我給了雯雯老師建議。

做不到相親相愛，也絕不能相殺相害

回想帶高年級的經驗，遇到分組、換座位有人落單時，用正面肯定的方式鼓勵學生發揮同學愛，比用恐嚇威脅更深入人心，總會有學生被觸動內心的柔軟面而主動邀請落單者，事情就圓滿解決了。

「我還會告訴學生，『相親相愛』是理想，人和人相處難免講緣分，彼此若不來電，做不到『相親相愛』也不勉強，但絕不能『相殺相害』。」我提醒雯雯老師注意高年級學生的相處模式。

低年級小朋友單純清朗，會把老師說的「友愛」放在心上，並力行實踐。學生年級愈高就愈跟著自己的感覺走，加上愈來愈血氣方剛，愈來愈受到荷爾蒙作祟的影響，對於磁場不合的人，就怕一不小心擦槍走火，演變成霸凌情事。

《靜思語》裡說：「心美看什麼都順眼。」又說：「看別人不順眼時，就要調整自己。」學生倒背如流卻知易行難。

我告訴學生，與磁場不合的人互動有三個層次，最高級模式是「同理他、幫助他」。以強欺弱不是真正的強，以強助弱才是威！要做到最高級互動有點難，這要克服心魔、超越人性弱點，但美好品行是可以培養鍛鍊的。

其次，中級互動模式是「保持距離、以策安全」。兩造若磁場不合，則彼此客氣往來，點頭之交就行，井水不犯河水，這樣也不會無端生事。

最低級互動層次就是「粗暴對待、動口動手、上演欺凌」，這樣會為自己、為他人、為班級、為老師、為家人帶來紛擾。

我總對學生說，做到最高級是善人、中級是凡人、低級就是小人，絕不可以變成小人！

「但學生還是會吵架或對弱勢同學有小動作，如何解？」雯雯老師擔心著，不斷發問。

「那就不客氣撂狠話了：同學間絕對禁止言語霸凌、關係霸凌或肢體衝突。『你動他，我就動你！』」我迅速打字回覆。

「哇！這句話好霸氣。」雯雯老師覺得不可思議。

「你動他，我就動你！」這句話是很霸氣沒錯，但要我說出這句話是有底線的，也就是好話說盡、一再叮囑卻還是動手動腳，那也只能撂狠話以收恫嚇之效。當然，這話並不表示老師要以暴制暴，而是老師不會放任班上有同學被欺負的事情發生。與其說是霸氣，我認為這是堅持班級經營原則，是張開保護傘，讓每個孩子都確保在校園裡有安全感。

另外，我提醒雯雯老師，如果學生只是因為座位更換不如己意就哭，我不會安慰他。

「這樣可以嗎？」雯雯擔心不安慰哭泣的學生，顯得老師沒愛心。

這個「不安慰」不代表老師不理會學生的情緒，而是學生要學習接納團體規範與處理自己的情緒。

「因為換座位不順自己心意就哭，老師好言相勸豈不顯得是老師做錯事，安排了他不喜歡的位子而讓他委屈？這一節課他潸然淚下，一副好像仇人坐在隔壁，日後絕對勢不兩立，結果隔天他們就開始說說笑笑了，老師的安慰像是白搭。」我寫。

「對對對，常常這樣。有時才兩節課時間，原本敵對的雙方就像沒有事發生一樣。還有，安慰一個哭的學生時，另一個也哭了。」雯雯老師心有戚戚焉。

「只要確認學生不是因為身體不適或受到不公平對待而哭，不用安慰他，就讓他沉澱一下情緒吧！我會跟學生說：『你哭一下沒關係，整理一下自己的心情，哭完後那個位子還是你的，乖，我愛你，我想過那個位子最適合你。』」我寫著。

隨後，雯雯老師傳來哈哈的貼圖：「這個說法好。」

在你來我往的字裡行間，雯雯老師終於寬心了。

第二天，雯雯老師再傳來訊息，她說總算有一次換位子不必心煩也順利得很，學生自己討論、自己安排，她在一旁觀察著，並順便改了簿本，師生皆大歡喜。

在收下雯雯老師一連串謝謝和鞠躬致敬的貼圖之後，我補上最後一句：「對了，帶學生讀《蠟筆小黑》繪本吧！」

共讀《蠟筆小黑》，療癒曾被排擠的孤單心靈

《蠟筆小黑》系列繪本是我教學上的必備工具書，不論低、中、高年級，我一定會帶

讀《蠟筆小黑》系列。作者中屋美和的創作緣由，是想為蠟筆盒裡總是只被用上一點點的黑色蠟筆發聲，《蠟筆小黑》說的就是自信、友誼、合作、負責、人際相處與自我價值的動人故事。

這四本一套的系列繪本第一冊書名就是《蠟筆小黑》。當電子白板上出現繪本投影片時，小朋友隨即被封面上一盒十色蠟筆的可愛擬人化表情給吸引了。

故事一開場，蠟筆小黑排列在蠟筆盒最左邊，這是隱喻，黑色一向不被重視。蠟筆們不想只當全新的擺飾，於是蠟筆小黃率先跳出盒子，在圖畫紙上轉圈圈的畫出了黃色蝴蝶。「有蝴蝶就要有花，接下來會是誰出場？」我們一邊共讀，我順勢讓學生預測情節。因著對花朵的印象，小朋友猜測紅色系列蠟筆接著會出場。

小紅姊姊和粉紅妹妹在圖畫紙上開出鬱金香和波斯菊，紅花要有綠葉襯，於是孩子們預測綠色系蠟筆要上場了。果然小綠和黃綠姊姊為花朵加上葉子，緊接著要有土地，便是小褐和土黃哥哥畫出地面和種了樹，再來是深藍哥哥和水藍弟弟讓雲朵在天空飄啊飄。

蠟筆們各自展現特色，畫出了一幅繽紛亮麗的圖。

小黑來了，他說：「那我呢？我可以畫哪裡呢？」蠟筆們站在圖畫紙上，有的兀自畫圖不理小黑，有的扠著腰或擺出阻擋手勢拒絕小黑：「你不用了啦！」、「我們畫得這麼漂亮，才不想被你弄得黑呼呼的。」小黑站在圖畫紙外，有一種被拒於千里之外的孤獨感。

蠟筆們繼續作畫，小黑垂頭喪氣的坐在外邊，自怨自艾自己一身黑，自動鉛筆大哥來安慰他，叫他振作一點。

原本合作愉快的蠟筆們，這時不知為何吵起來了，互相怪罪別人弄髒、弄亂了圖畫，畫面上的蠟筆們橫眉豎目，扠腰指責，圖畫也一團混亂。接著，故事產生轉折。

自動鉛筆大哥對小黑咬耳朵講悄悄話，小黑目瞪口呆，隨即跳上圖畫紙，倒栽蔥似的從左上角一路咻咻咻的畫到右下角，整張圖畫紙變成全黑，蠟筆們團團圍繞一臉無辜的小黑凶他：「你到底在做什麼？」、「都是你！」

隨後，自動鉛筆大哥在黑烏烏的圖畫紙上滑行，刮下小黑畫的顏色，整張圖畫變成夜空中美麗的煙火。「這真是太神奇了。」小朋友們也忍不住驚呼。

蠟筆們圍著自動鉛筆大哥道謝，頭滑到快禿了的小黑仍是遠遠的愣愣站著。經由自動鉛筆大哥的提醒，蠟筆們恍然大悟，美麗煙火圖的功臣是小黑，大家圍著小黑道歉又道謝。小黑露出笑容，大家也開心的笑了。

蠟筆小黑從不被接納，到利用自己的特點，表現出自我亮點，夥伴們也改變了態度，結局溫馨溫暖。

這故事療癒了許多曾被排擠而感到孤單的心靈，也提點小讀者思考對待同儕的態度。

動手實作——請出蠟筆來畫圖

看完故事不急著討論，先來感受畫圖的魅力吧！這本《蠟筆小黑》用在美術教學也恰如其分，書中展示了線條表現方式，有直線、曲線、斜線、渦紋線、粗線、細線、鋸齒線等，還有混色、疊色和刮畫的技巧。

學生們準備好蠟筆，早就躍躍欲試。

我們分成每組十人，每個人的蠟筆盒基本款是十二色，還有多達二十四色、三十六色的，但我請學生只拿出十色，密合繪本真實度。

大家在小組裡選好自己扮演的蠟筆角色，不一定要按照繪本裡蠟筆們表現的圖案，可以盡情展現該顏色的特點。於是乎，真人版「蠟筆小黑」上演。

學生畫圖跟著我的語句走，蠟筆小黃先出場，接著是小紅和小粉紅，再來是小綠和黃綠，隨後是小褐和土黃，最後是深藍和水藍。每一組的圖畫紙都變得五彩繽紛，有花園裡的彩虹泡泡世界，也有水果大拼盤，還有動物家族。

小黑來了。每一組的小黑以渴望眼光說著：「那我呢？我可以畫哪裡？」其他人沒給好臉色的說：「你不用了啦！」

此時，我鼓勵班上三組的三個小黑們繼續說出心中感受：「我好想加入你們喔！」、「看你們畫得開心，我也想體會和大家在一起的感覺。」、「我好寂寞孤單喔！我想要有朋友。」

孤單小黑退下，重頭戲登場，就是蠟筆們要吵架了。學生似乎期待這一刻很久了，可以名正言順的吵啊！叫啊！吼啊！各色蠟筆一陣混亂的亂撇亂塗，你侵占我地盤，我也不甘示弱的畫你一筆。然後，如繪本裡的畫面一樣，三組的圖畫也面目全非了。

自動鉛筆大哥要來對小黑說話了。說些什麼不知道，繪本裡沒有寫，但小黑露出驚訝表情，隨後跳上圖畫紙滑行，塗黑整張紙。這是繪本趣味及作者節制之處，不寫出自動鉛筆說的話，用張嘴嚇呆的表情來表現小黑的震驚。這裡可以利用來做對話練習或對話寫作，同時表現學生的閱讀理解。

我讓學生演出這段隱藏版對話，一樣精采。

角色扮演—**自動鉛筆大哥與小黑的對話**—

自動鉛筆大哥：「小黑，你不要難過，我有辦法。」
蠟筆小黑：「真的嗎？你真的可以幫我嗎？」
自動鉛筆大哥：「你先把圖畫紙塗成全黑，再來我會幫你。」
蠟筆小黑：「那如果他們來打我、罵我呢？」
自動鉛筆大哥：「不會的啦！有我在，你別怕。」
蠟筆小黑：「是這樣子嗎？真不可思議，那我就開始畫喔！」

角色扮演—自動鉛筆大哥與小黑的對話—

自動鉛筆大哥：「小黑，我告訴你一個方法你就可以畫圖了。你先跳到圖畫紙上把整個塗黑，我再站上去刮一刮，就會跑出美麗的煙火。」

蠟筆小黑：「真的嗎？那我要去試試。」

小黑要跳上圖畫紙，塗它個烏漆墨黑，因為要完全覆蓋圖畫，黑色必須塗抹得夠厚、夠深。於是，大家一起上場，平日少用的黑色蠟筆這回數筆齊發。

不一會兒，圖畫紙變得黑壓壓了。

自動鉛筆大哥登場了，這裡我們做了調整，學生都很寶貝自己的自動鉛筆，當然不可能犧牲文具。

而層層顏色蓋上去後，畫紙已有一定的厚度，要做出刮畫效果，必須要有適當工具。於是，我們使用了烤肉用的竹籤、大的迴紋針，以及沒水的原子筆。

此時，大家同心協力扮演自動鉛筆大哥。我給的目標是要刮出美麗煙火，因此各小組細心討論著，哪裡要刮下、哪裡該留著黑色，大家明白意見若不一致是做不出效果的。

最後，登愣！美麗煙火出現了。或火樹銀花或飛龍竄天，或花瓣如雨或花炮升騰，孩子們也歡呼著。

雖然人人雙手都沾滿顏料、髒兮兮的，墊在桌面的報紙也是一片凌亂，但大夥兒情緒沸騰，除了感受做中學的操作樂趣，更為共同創作體會到成就感。

發展同理心，以 4F 提問法收尾

從《蠟筆小黑》的故事閱讀，再到畫圖實作，我想，好的故事會留存在心中慢慢發酵，就以精準的討論來收尾即可。

清洗收拾過後，大家的心情逐漸平靜沉澱。

我在白板上畫下 4F 提問圖（見三三頁，圖1），以 4F 提問法的層次引導，幫助學生從回溯故事情節，再到自我價值澄清。

學生進行小組討論，然後上臺發表。

討論發表——《蠟筆小黑》閱讀有感——第一組

- 我讀到蠟筆小黑的不受歡迎。
- 我覺得被排擠的無奈和痛苦。
- 我發現言語會傷人。
- 我將來會謹言慎行，不傷害他人。

討論發表——《蠟筆小黑》閱讀有感——第二組

- 我讀到蠟筆小黑不知道自己其實很厲害。
- 我覺得被排擠的蠟筆小黑很孤單、很傷心、又沒自信。
- 我發現每個人都有自己的特色和優點。
- 我將來會找出自己的特色和優點來建立自信。

討論發表——《蠟筆小黑》閱讀有感——第三組

- 我讀到自動鉛筆大哥鼓勵小黑並幫助小黑。
- 我覺得被自動鉛筆大哥關心的小黑不那麼難過了。
- 我發現關心別人可以產生力量。
- 我將來要做個主動關心別人的人。

討論發表——《蠟筆小黑》閱讀有感——第四組

- 我讀到蠟筆們對小黑不友善。
- 我覺得蠟筆們造成小黑的痛苦，自己也沒有得到好處。
- 我發現對人可以友善一點，對自己也會有幫助。
- 我將來要做個對別人友善的人。

學生們從不同角色覺察與感受體會，從蠟筆們到自動鉛筆大哥再到蠟筆小黑，這些角色都反映在我們自己及他人身上。故事裡表現的情節，也是孩子們日常相處的小矛盾，因此這個故事強烈連結了孩子們的生活經驗。運用繪本幫助孩子表達感覺，讓閱讀故事就像鏡子照進自我。

要培養學生講理並非難事，但要同理就不太簡單。講理之外，更要同理。同理心不是天生的，是需要被教導、被啟發的。希望打開《蠟筆小黑》這本書的同時，共鳴已然產生，同理心也滋長了。

這樣帶孩子讀—《蠟筆小黑》

共讀繪本推薦

- 《蠟筆小黑》（小天下）
- 《蠟筆小黑的神奇朋友》（小天下）
- 《蠟筆小黑找妖怪》（小天下）
- 《蠟筆小黑和小小白》（小天下）

延伸閱讀討論及讀後活動

- 共讀繪本，隨故事情節適時加入預測。
- 準備十色蠟筆，隨故事發展走演畫畫。
- 完成煙火亂畫。
- 以4F提問法引導學生進行討論故事與澄清價值。

《蠟筆小黑》、
《蠟筆小黑的神奇朋友》、
《蠟筆小黑找妖怪》、
《蠟筆小黑和小小白》
簡介

\ 附錄 /

《蠟筆小黑》寫作學習單

班級：＿＿＿＿＿＿＿＿＿＿

座號：＿＿＿＿＿＿＿＿＿＿

姓名：＿＿＿＿＿＿＿＿＿＿

日期：＿＿＿＿＿＿＿＿＿＿

書名 《蠟筆小黑》（小天下）

作者 中屋美和

故事地圖

桌子上有一盒全新的蠟筆，蠟筆小黃耐不住無聊跑了出去，在桌子另一端發現了一張好大、好白的圖畫紙，他開心的找大家來畫畫。

黃色的蝴蝶、紅色的花、綠色的葉子、藍藍的天空……

盒子裡的各色蠟筆都畫個不停，只有小黑不能加入一起畫，因為他會把圖畫弄得黑呼呼的，大家都不想讓他加入，幸好自動鉛筆大哥來安慰他……

下載學習單

寫作練習

練習對話寫作，先寫出自動鉛筆大哥對蠟筆小黑說的話，再寫出蠟筆小黑的回應。

我的閱讀體會：

國家圖書館出版品預行編目（CIP）資料

讀繪本，學素養: 資深名師葉惠貞這樣教繪本
/葉惠貞著. -- 第一版. -- 臺北市 : 遠見天下文
化出版股份有限公司, 2021.12
面； 公分. -- (教育教養 ; BEP069)
ISBN 978-986-525-362-2(平裝)

1.初等教育 2.教學設計 3.課程規劃設計

523.3 110017902

教育教養 BEP 069

讀繪本，學素養

資深名師葉惠貞這樣教繪本

作者 — 葉惠貞

總編輯 — 吳佩穎
人文館總監 — 楊郁慧
責任編輯 — 許景理（特約）、楊郁慧
學習單繪圖 — 葉憲宏
封面設計 — 謝佳穎（特約）
內頁設計 — 吳郁婷（特約
內頁排版 — 蔚藍鯨（特約）

出版者 — 遠見天下文化出版股份有限公司
創辦人 — 高希均、王力行
遠見・天下文化 事業群榮譽董事長 — 高希均
遠見・天下文化 事業群董事長 — 王力行
天下文化社長 — 林天來
國際事務開發部兼版權中心總監 — 潘欣
法律顧問 — 理律法律事務所陳長文律師
著作權顧問 — 魏啓翔律師
社址 — 臺北市104松江路93巷1號
讀者服務專線 — 02-2662-0012｜傳眞 — 02-2662-0007；02-2662-0009
電子郵件信箱 — cwpc@cwgv.com.tw
直接郵撥帳號 — 1326703-6號 遠見天下文化出版股份有限公司

製版廠 — 中原造像股份有限公司
印刷廠 — 中原造像股份有限公司
裝訂廠 — 中原造像股份有限公司
登記證 — 局版臺業字第 2517 號
總經銷 — 大和書報圖書股份有限公司｜電話 — 02-8990-2588
出版日期 — 2021 年 12 月 20 日第一版第一次印行
2023 年 6 月 1 日第一版第三次印行

定價 — NT 400 元
ISBN — 978-986-525-362-2 ｜EISBN — 9789865253707（EPUB）；9789865253691（PDF）
書號 — BEP 069
天下文化官網 — bookzone.cwgv.com.tw

天下文化
BELIEVE IN READING